Kerstin Tieste

20 x traditionelle Kinderlieder

für 45 Minuten

Ausgearbeitete Stunden zum gemeinsamen Singen

Klasse 1/2

Verlag an der Ruhr

Impressum

Titel
20 x traditionelle Kinderlieder für 45 Minuten – Klasse 1/2
Ausgearbeitete Stunden zum gemeinsamen Singen

Autorin
Kerstin Tieste

Umschlagmotive
Mädchen auf Ast: © Lorelyn Medina; Noten: © Miceking;
einzelne Vögelchen: © Miroslava Hlavacoca – alle stock.adobe.com
Post-it und Icon Uhr: © Verlag an der Ruhr

Druck
AZ Druck und Datentechnik GmbH, Kempten, DE

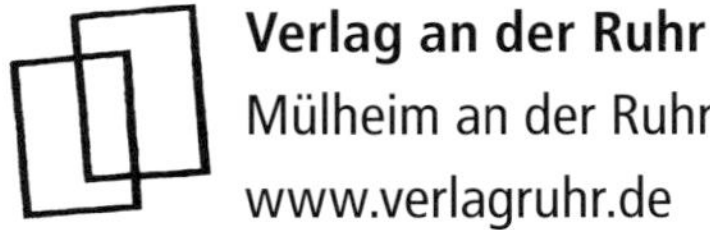
Verlag an der Ruhr
Mülheim an der Ruhr
www.verlagruhr.de

Geeignet für die Klassen 1–2

Urheberrechtlicher Hinweis
Das Werk und seine Teile sind urheberrechtlich geschützt. Jede Verwendung in anderen als den gesetzlich zugelassenen Fällen bedarf der vorherigen schriftlichen Einwilligung des Verlages.
Im Werk vorhandene Kopiervorlagen dürfen vervielfältigt werden, allerdings nur für Schüler*innen der eigenen Klasse/des eigenen Kurses. Die dazu notwendigen Informationen (Buchtitel, Verlag und Autorin) haben wir für Sie als Service bereits mit eingedruckt. Diese Angaben dürfen weder verändert noch entfernt werden. Die Weitergabe von Kopiervorlagen oder Kopien (auch von Ihnen veränderte) an Kolleg*innen, Eltern oder Schüler*innen anderer Klassen/Kurse ist nicht gestattet.
Der Verlag untersagt ausdrücklich das Herstellen von digitalen Kopien, das digitale Speichern und Zurverfügungstellen dieser Materialien in Netzwerken (das gilt auch für Intranets von Schulen und sonstigen Bildungseinrichtungen), per E-Mail, Internet oder sonstigen elektronischen Medien außerhalb der gesetzlichen Grenzen. Kein Verleih. Keine gewerbliche Nutzung. Zuwiderhandlungen werden zivil- und strafrechtlich verfolgt.
Bitte beachten Sie die Informationen unter www.schulbuchkopie.de.
Soweit in diesem Produkt Personen fotografisch abgebildet sind und ihnen von der Redaktion fiktive Namen, Berufe, Dialoge u. Ä. zugeordnet oder diese Personen in bestimmte Kontexte gesetzt werden, dienen diese Zuordnungen und Darstellungen ausschließlich der Veranschaulichung und dem besseren Verständnis des Inhalts.
Trotz sorgfältiger inhaltlicher Kontrolle kann keine Haftung für die Inhalte externer Seiten, auf die mittels eines Links verwiesen wird, übernommen werden. Für den Inhalt der verlinkten Seiten sind ausschließlich deren Betreiber*innen verantwortlich.

© Verlag an der Ruhr 2020
ISBN 978-3-8346-4274-5

Inhaltsverzeichnis

Vorwort 4

1. Grün, grün, grün sind alle meine Kleider 8
2. Alle Vögel sind schon da 11
3. Suse, liebe Suse (2 Stunden) 14
4. Komm, lieber Mai 18
5. Die Affen rasen durch den Wald 21
6. Old Mac Donald had a farm 25
7. Ein Mann, der sich Kolumbus nannt 31
8. Schneeflöckchen, Weißröckchen 36
9. Auf der Mauer auf der Lauer 39
10. Meine Oma fährt im Hühnerstall Motorrad 44
11. Wir haben Hunger und Durst 46
12. Dornröschen war ein schönes Kind 48
13. Eine Seefahrt, die ist lustig 53
14. Der Kuckuck und der Esel 55
15. Es klappert die Mühle 60
16. Ich geh mit meiner Laterne 66
17. Die Tante aus Marokko 68
18. Was müssen das für Bäume sein 71
19. Jetzt fahrn wir übern See 74
20. Boogie Woogie 78

Quellen 80

Vorwort

Die Integrative Kunst- und Musikpädagogik (IKM)

Das vorliegende Buch basiert auf der Integrativen Kunst- und Musikpädagogik (IKM), einem ganzheitlich didaktischen Konzept, das seit 1989 in Kindergärten und Grundschulen eingesetzt wird. Es verknüpft Musik mit Kunst, Literatur, Sprache und den Naturwissenschaften. Das Konzept spricht Kinder besonders an, weil sie über den musisch-spielerischen Weg auch komplexe Sachverhalte rasch begreifen und zusätzlich von einer guten Sprachförderung profitieren.

Über das IKM-Konzept:

- Kinder lernen über den musisch-kreativ-visuellen Zugang leicht und durch die besonders vielfältige Bildung von neuronalen Verknüpfungen ist das Gelernte leichter abrufbar und bleibt vor allem im Langzeitgedächtnis besser gespeichert.
- Sprachentwicklung und Sprechfähigkeit werden durch Rhythmik und Singen gestärkt.
- Das Konzept wird in der Grundschule für alle Schulfächer eingesetzt, denn alle Fachgebiete lassen sich musisch aufbereiten und erweitern.

Traditionelle Kinderlieder

Traditionelle Kinderlieder sind ein fabelhafter Anlass, musikalisch aktiv zu werden. Auch über die Musik hinaus bieten die Lieder vielfältige Anregungen für die Beschäftigung mit Literatur, Kunst und sogar den Naturwissenschaften. Zu den traditionellen Kinderliedern in diesem Buch sind für das fachübergreifende Arbeiten im Anschluss an die Unterrichtsstunde Anregungen als Erweiterungsvorschläge angefügt. Das Buch gibt gut strukturierte Informationen und Tipps für die einfache und praktische Umsetzung im Schulalltag.

Die Geschichte des Kinderliedes

Kinderlieder bis zum 18. Jahrhundert

Mündlich überliefert wurden Kinderlieder seit Jahrhunderten, aber sie erhielten nie genug Aufmerksamkeit, um aufgeschrieben zu werden. Erst Martin Luther schenkte den Kindern Beachtung, als er während der Zeit der Reformation und Gegenreformation erkannte, dass man die Kinder an der Verbreitung der christlichen Lehre beteiligen konnte. Er verfasste selbst einige Kirchenlieder für Kinder (z. B. „Vom Himmel hoch da komm ich her"). Sie dienten jedoch ausschließlich der religiös-sittlichen Erziehung. Über weltliche Kinderlieder ist aus dieser Zeit kaum etwas überliefert.

Kinderlieder im 18. Jahrhundert

Im 18. Jahrhundert verbesserten sich die Verhältnisse für Kinder und die Kindheit rückte als eigenständiger Lebensabschnitt in das öffentliche Interesse des Bürgertums. Weltliche Kinderlieder ergänzten das religiöse Repertoire und erste Veröffentlichungen machten auf sich aufmerksam. Kinderliedkompositionen von z. B. Christian Felix Weiße (1726–1804) gehören zu den ersten Veröffentlichungen dieses Genres.

Wie bei Luther religiös motiviert, so hatten auch die von Erwachsenen komponierten weltlichen Kinderlieder eine deutliche Zielrichtung: Sie dienten der Erziehung. Oft wurde eine Trennung zwischen Liedern für Mädchen und Jungen vorgenommen.

Das Prinzip Jean-Jacques Rousseaus, die Erziehung dem Wesen des Kindes anzugleichen, zeigte seinen Einfluss auch auf die Kinderlieder. Die Umgebungswelt des Kindes wurde einbezogen, damit das Kind die positive, erzieherische Absicht verstehen lernen konnte. So wurden in den Liedern beispielsweise Tiere, Pflanzen, Tages- und Jahreszeiten, Kinderspiele oder die Schule als Brücke zwischen der kindlichen Welt und der der Erwachsenen genutzt, um die Kinder moralisierend zu tugendhaften Mitmenschen zu erziehen.

Die Melodien der ersten Kinderlieder des 18. Jahrhunderts waren anspruchsvoll komponiert und für Kinderstimmen kaum zu bewältigen. Gelehrt wurde die exakte Wiedergabe einer Komposition. Auf die gesanglichen Möglichkeiten einer Kinderstimme wurde lange Zeit wenig Rücksicht genommen.

Kinderlieder im 19. Jahrhundert

Die neu geschaffene allgemeine Schulpflicht förderte das Singen. Aber in der Schule wurde nicht nur aus reiner Freude an der Musik gesungen, sondern man missbrauchte das Singen im Sinne einer besonders patriotischen, bürgerlichen Erziehung. Kaiser Wilhelm II. erkannte, dass das gemeinschaftliche Singen dazu dienen konnte, Kinder schon frühzeitig durch Militarismus und übersteigerten Nationalismus politisch zu vereinnahmen.

Aus dem 19. Jahrhundert stammen jedoch auch sehr schöne und vor allem unsere bekanntesten traditionellen Kinderlieder, z. B. von Heinrich Hoffmann von Fallersleben, der fast 400 Kinderlieder schrieb. Er komponierte weitgehend frei von religiösen oder erzieherischen Zielen. Die berühmteste Sammlung ist „Des Knaben Wunderhorn" von Achim von Arnim und Clemens Brentano, wobei der Begriff „Kinderlied" auch für gereimte Texte verwendet wird. Die Sammlungen der Kinderlieder waren bemerkenswerterweise nicht für Kinder gedacht, sondern für an Kinderliedern interessierte Erwachsene.

Kinderlieder im 20. und 21. Jahrhundert

Nach dem verlorenen Ersten Weltkrieg und dem Ende der Kaiserzeit brauchte der Zweite Weltkrieg wieder neue junge Menschen als willige Kriegsgeneration.
Im Musikunterricht der Schulen wiederholte sich in fataler Weise der Missbrauch des Kinderliedes. Was in der Kaiserzeit schon wirkte, das benutzten auch die Nationalsozialisten, um die Jugend erfolgreich emotional und kriegstreiberisch einzustimmen. Bis heute bedienen sich totalitäre Regime dieser manipulativen Form von Musik, junge Menschen emotional in ihre Ziele einzubinden.
Bereits in den 1920er-Jahren entwickelte Carl Orff seine Idee einer neuen Musikpädagogik. Diese stand jedoch im Gegensatz zur Erziehungsideologie des NS-Staates und konnte erst 1948 wieder aufgegriffen werden. Carl Orff und Gunild Keetman arbeiteten 1950 bis 1954 am Orff-Schulwerk „Musik für Kinder". Es handelt sich um fünf Bände, die neben traditionellen Kinderliedern auch Eigenkompositionen und Musikstücke enthalten, die primär Kinder zum Improvisieren und Selbstgestalten anregen, indem Singen auch mit gestalterischem, instrumentalem Musizieren, Spielen und Tanzen verknüpft wird.
Ab den 1960er-Jahren nahm der Erfolg des modernen Kinderliedes stetig zu, während das Interesse am tradi-

Abb.: © Lorelyn Medina – stock.adobe.com

tionellen Kinderlied nachließ. Hans Poser komponierte in den Jahren 1950–1960 viele neue Kinderlieder, gefolgt z. B. von Margarete und Wolfgang Jehn, Heinz Lemmermann und ab den 1970/80er-Jahren von Rolf Zuckowski, Detlev Jöcker oder Fredrik Vahle. Das Kinderlied als Genre hatte sich emanzipiert und etabliert.
Die moderne Kindererziehung gibt dem Kind einen neuen, eigenständigen Stellenwert: Kinder sollen zu kritikfähigen, selbstbestimmten und mündigen Menschen erzogen werden. Die Kinderlieder dieser Zeit sind bis heute nah an der Lebenswirklichkeit der Kinder. Viele Lieder thematisieren soziale Regeln des Zusammenlebens oder Wissenswertes über die kindliche Lebenswelt. Kinderlieder haben somit über das unterhaltende Element hinaus auch einen Bildungswert.
Das traditionelle Kinderlied ist während dieser Zeit nicht ganz vergessen, liegt jedoch in einem Dornröschenschlaf. Die Tradition des Singens in den Familien hat sich durch die Jahrhunderte verändert. Früher sang man in der Gemeinschaft der Familie, bei der Arbeit und bei Festen. Heute stehen wir einer ungleich größeren Vielfalt an musikalischen Möglichkeiten gegenüber. Kinder hören seit den 1960er-Jahren Schallplatten, Kassetten, CDs, MP3s und sehen Musikvideos im Internet mit ihren Lieblingshits und – singen mit. Das ist nicht ganz unproblematisch, weil Kindermusik zumeist von Erwachsenen gemacht wird und oft nicht dem natürlichen Tonumfang einer Kinderstimme entspricht. Zudem wird eine Musikkonserve nie das Erlebnis des gemeinschaftlichen Singens mit Eltern und Freund*innen[1] ersetzen können.
Aus diesem Grund begeistern zunehmend Kinderkonzerte mit Kinderliedermacher*innen sowohl Kinder als auch die Eltern und animieren zum Mitsingen.
Das traditionelle Kinderlied wartet auf seine Wiederentdeckung und dieses Buch kann ein interessanter Ansatz dazu sein. Mit Spannung und Neugier lässt sich diese Tür in die Vergangenheit gern öffnen und in moderner Form für den Musikunterricht aufbereitet, stecken viele Überraschungen und jede Menge Kinderspaß in den traditionellen Liedern. Sie warten schon lange darauf, wieder neu entdeckt zu werden.

Singen mit Kindern

Im Schulalltag bleibt oft nur wenig Zeit für all das, was wir mit den Schüler*innen am liebsten viel ausführlicher bearbeiten und erleben würden. Zumeist ist es die Kreativität, die sich in ein zeitliches Maß fügen muss. Damit dies besser und einfacher gelingt, sind in den vorliegenden Unterrichtsstunden die nachfolgenden Tipps zum Singen mit Kindern immer wieder mit eingearbeitet.
Als Übungen zur Stimmbildung finden Sie ein reichhaltiges Repertoire in Form von Büchern oder im Internet (s. Literaturtipps S. 80).

Stimmbildungsübungen

Sie sind das ideale „Warm-up" vor dem Singen, um mit den Kindern die Stimmen auf das Singen vorzubereiten. Legen Sie sich ein kleines Repertoire an Übungen zu und gewöhnen Sie die Kinder daran, sich einzusingen. Mit den Übungen verstehen die Kinder immer besser, wie sie ihre Stimme einsetzen können, um bestimmte Töne zu erreichen, laut oder leise singen zu können oder bestimmte Tonfolgen zu meistern.

Sitzen oder stehen?

Das Stehen ist beim Singen immer zu bevorzugen, denn Luftzirkulation und Muskelbewegungen im Oberkörper können viel besser stattfinden. Sollten Sie sich z. B. aus räumlichen Gegebenheiten für das Sitzen entscheiden, achten Sie darauf, dass die Kinder aufrecht sitzen. Am besten sitzen sie entspannt auf dem vorderen Teil des Stuhls, ohne den Rücken anzulehnen. Durch das Halten des Gleichgewichtes wird eine gute, aufrechte Körperhaltung für das Atmen und Singen erzeugt.

Atmen – aber richtig

Atmung und eine gute Körperhaltung bedingen sich gegenseitig. Sitzen oder stehen Sie aufrecht, so ist das eine gute Voraussetzung für einen entspannten Atemfluss. Vermeiden Sie beim Singen Hochatmung (erkennbar an Anspannung und hochgezogenen Schultern) bei sich und den Kindern, denn sonst können die Stimmbänder nicht optimal schwingen. Die Stimmbildungsübungen sollten Atemübungen einschließen, die aus der Körpermitte, aus dem Bauchraum kommen und das Zwerchfell mit einbeziehen, z. B. Emotionen zeigen durch „Ahhh! Ohhh!" oder Tierlaute nachahmen. Trainieren Sie auch, mit dem Atem lange auszukommen, um den körperlichen Resonanzraum zu nutzen und Vokale und Konsonanten gut artikulieren zu können.

Hohe oder tiefe Stimmlage?

Erwachsene haben generell eine tiefere, Kinder eine höhere Stimmlage. Kinderstimmen haben in etwa einen Tonumfang von einer Oktave (Töne: d bis d'). Viel tiefer oder höher sollten Kinder nicht singen, denn darunter leiden die Gesangsqualität und die Gesundheit der Stimme. Erwachsenen kommt diese Lage zumeist schon hoch vor. Lassen Sie sich nicht täuschen und passen Sie sich an.

Resonanzräume nutzen

Erstaunlich, welch Klangvolumen wir zaubern können, wenn wir locker genug sind, unseren Mund weit aufzumachen. Das hat jedoch nichts mit Mundaufsperren zu tun, sondern damit, dass die Kinder einfach mutig den Mund beim Singen öffnen sollen. Das erfordert körperliche Aktivität, denn Vokale und Konsonanten müssen aktiv geformt werden, um einen schönen Stimmklang zu erzeugen. Das können wir mit den Kindern durch verschiedene Spiele üben, damit auch schüchterne Kinder Zutrauen zu sich und ihrer Stimme gewinnen. Alle Spiele, die eine besondere Mimik beim Sprechen erfordern, sind dafür geeignet (z. B. „Armer, schwarzer Kater").

Erst den Text, die Melodie oder den Rhythmus erlernen?

Ideal ist es, wenn Sie mit den Kindern alles gleichzeitig erlernen, denn Melodie, Rhythmus und der Text bilden ja eine Einheit. Oft überträgt das eine Element den Lerneffekt auf das andere Element und das Erlernen eines Liedes zieht sich nicht in die Länge, die für manche Kinder nur schwer auszuhalten ist. Doch diese Art der Herangehensweise ist nicht ausschließlich sinnvoll. Viele Kinder können sich emotional besser auf ein Lied einstellen und dadurch viel engagierter singen, wenn sie vorab den Text verstanden haben. Dann ist es besser, erst über die Bedeutung des Textes zu sprechen und ihn parallel sprechen zu lernen. Einige Kinder erreicht man auch besonders gut über den Rhythmus, in den sie sich vorab gern „eingrooven", um dann die Sprache hinzuzunehmen und die Melodie draufzusetzen. Auch bei rhythmisch anspruchsvolleren Liedern ist es sinnvoll, den Text vor der Melodie zu lernen. Eine rhythmische Begleitung, z. B. mit Rasseln oder Klangröhren, kann hilfreich sein, um Pausen oder Auftakte richtig zu setzen. Sie sollten sich mit der Entscheidung von dem Können Ihrer Klasse und Ihrer Intuition leiten lassen.

Ein klares Signal für den Start!

Damit alle Schüler*innen gleichzeitig den passenden Einstieg und ihre Tonlage finden, ist es wichtig, ein klares Signal für den Start zu geben. Achten Sie beim Einzählen auf die Taktart, z. B.: „1, 2, – Grün, grün, grün sind alle meine Kleider …" oder „1, 2, 3, 4 – Alle Vögel sind schon da …". Wenn Sie ein Instrument spielen, eignet sich ein kleines Vorspiel oder der Grundakkord, um den richtigen Ton zu Beginn des Liedes zu finden, oder Sie singen es kurz an. Kinder lieben es auch, sich mit einzusummen, das schafft Vertrautheit und hilft auch schüchternen, unsicheren Kindern, unauffällig die richtige Tonlage zu finden. Summen Sie den ersten Ton an, in den die Kinder sich mit einsummen können.

---

[1] Der Verlag an der Ruhr legt großen Wert auf eine geschlechtergerechte und inklusive Sprache. Daher nutzen wir das Gendersternchen, um sowohl männliche und weibliche als auch nichtbinäre Geschlechtsidentitäten einzuschließen. Alternativ verwenden wir neutrale Formulierungen.

Grün, grün, grün sind alle meine Kleider

Darum geht's

Farben werden in diesem Lied traditionellen Berufen zugeordnet. Das Lied ist in der heutigen Form seit Anfang des 19. Jahrhunderts überliefert und verbindet Liebeslyrik mit der Vorstellung verschiedener Berufsgruppen.

Kompetenzerwartungen

Die Schüler*innen …
- ergänzen das Lied mit einem selbst erdachten Vers
- üben ein Singspiel zum Lied ein

Material

- Lied „Grün, grün, grün sind alle meine Kleider" (S. 10)
- evtl. Tonpapierreste in verschiedenen Farben

Das bereiten Sie vor

Machen Sie sich mit allen Strophen des Liedes und dem Ablauf des Singspiels vertraut.

Stundenverlauf

1. Einstieg

Bilden Sie mit den Kindern einen Sitzkreis.
Die Schüler*innen betrachten ihre Kleidung und nennen die jeweiligen Farben. Sprechen Sie über die Lieblingsfarben der Kinder.
Fragen Sie die Schüler*innen, ob Sie Berufe kennen, bei denen die Menschen Kleidung in bestimmten Farben tragen, z. B. Arzt: weiß bzw. grün, Schornsteinfeger: schwarz, Müllabfuhr: gelb/orange, Feuerwehr: gelb/rot, Koch: weiß …
Erzählen Sie den Kindern, dass sie ein Lied kennenlernen werden, in dem es um Berufe und ihre Kleidung geht.

2. Liederarbeitung

Fragen Sie die Kinder, welchen Beruf sie mit grüner Kleidung in Verbindung bringen würden. Singen Sie anschließend die erste Strophe des Liedes vor. Hätten die Kinder auf einen Jäger getippt? Welchen Grund mag die Farbe Grün als Arbeitskleidung für den*die Jäger*in haben? (Tarnung vor den Tieren)
Singen Sie die Strophe gemeinsam mit den Kindern und wiederholen Sie sie, damit sich die Melodie gut einprägt.

Verfahren Sie auf die gleiche Weise mit den anderen Strophen.

TIPP → Beim Erlernen der Strophe können die Schüler*innen während des Singens auf ein eigenes, farblich passendes Kleidungsteil oder das ihres*ihrer Sitznachbar*in zeigen.

- **Strophe 2:** Die Farbe Blau für die Seeleute symbolisiert das Meer.
- **Strophe 3:** Schwarz ist der Anzug der Schornsteinfeger*innen, damit man den Ruß auf ihrer Kleidung nicht sieht.

Abb.: © Jens Müller

Grün, grün, grün sind alle meine Kleider

- **Strophe 4:** Weißen Mehlstaub sieht man auf weißer Kleidung nicht, deshalb sah ein*e Bäcker*in immer sauber aus.
- **Strophe 5:** Bunt passt gut zu Maler*innen, die mit vielen Farben arbeiten.

3. Kreativer Umgang mit dem Text

Greifen Sie die Ideen der Schüler*innen aus der Eingangsphase auf: Welche Berufe gibt es noch, mit deren Arbeitskleidung man bestimmte Farben verbindet?
Die Kinder dichten in Gruppenarbeit einen Vers. Dabei müssen für die Melodie ggf. Füllwörter hinzugenommen werden (z. B. Koch: „..., weil mein Schatz gut kochen kann"). Die Gruppen singen ihre Strophe vor.

TIPP → Sollte eine Farbe nicht an der Kleidung vorhanden sein, hilft ein Blatt Tonpapier mit Klebeband an der Kleidung.

4. Abschluss

Für jede Strophe wird ein Kind bestimmt, dessen Kleidung die jeweilige Farbe hat. Im Anschluss werden alle Strophen noch einmal zusammenhängend gesungen. Dabei gehen die Kinder, an den Händen gefasst, im Kreis. Das Kind (oder mehrere Kinder) mit der entsprechenden Kleiderfarbe geht in der Mitte in entgegengesetzter Richtung.
Bei einem weiteren Durchgang können die Kinder im Außenkreis klatschen, während sich die „Farbenkinder" im Innenkreis präsentieren.

Erweiterung

Kunst → Ein*e grüne*r Jäger*in jagt im grünen Wald (Ton-in-Ton-Malerei mit Filzstiften, Tusche, Bleistiften): Die Kinder zeichnen eine*n Jäger*in mit Bleistift auf ein DIN-A3-Blatt und malen ihn*sie anschließend mit Filzstiften aus. Filzstifte ermöglichen eine genaue Linienführung und klare Konturen.
Wald und Büsche erhalten besonders große Blätter, damit man sie leicht mit Wasserfarben ausmalen kann.

TIPP → Die Kinder zeichnen jedes Blatt so groß wie eine Faust. Besprechen Sie Blattformen und zeichnen Sie sie an die Tafel. Die Kinder malen sie mit Bleistift auf dem Malblatt vor.

Die Schüler*innen verwenden verschiedene Grüntöne. Dazu mischen sie Grün zusätzlich mit Weiß, Gelb und Blau.

Grün, grün, grün sind alle meine Kleider

Melodie und Text: aus Pommern, seit Anfang des 19. Jahrhunderts in vielen Varianten in ganz Deutschland überliefert

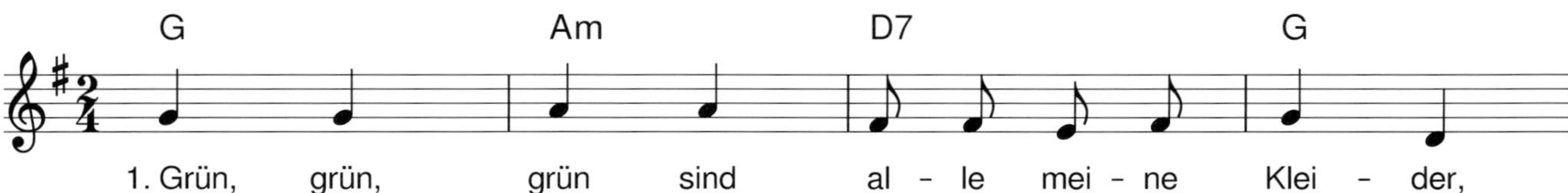

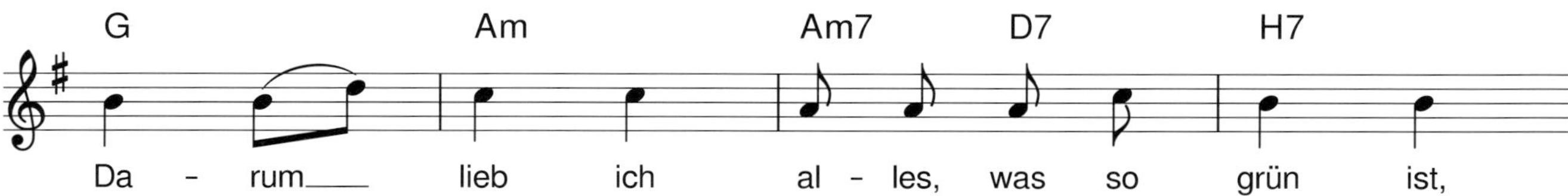

2. Blau, blau, blau sind alle meine Kleider,
blau, blau, blau ist alles, was ich hab.
Darum lieb ich alles, was so blau ist,
weil mein Schatz ein Seemann, Seemann ist.

3. Schwarz, schwarz, schwarz sind alle meine Kleider,
schwarz, schwarz, schwarz ist alles, was ich hab.
Darum lieb ich alles, was so schwarz ist,
weil mein Schatz ein Schornsteinfeger ist.

4. Weiß, weiß, weiß sind alle meine Kleider,
weiß, weiß, weiß ist alles, was ich hab.
Darum lieb ich alles, was so weiß ist,
weil mein Schatz ein Bäcker, Bäcker ist.

5. Bunt, bunt, bunt sind alle meine Kleider,
bunt, bunt, bunt ist alles, was ich hab.
Darum lieb ich alles, was so bunt ist,
weil mein Schatz ein Maler, Maler ist.

© Verlag an der Ruhr | Autorin: Kerstin Tieste | ISBN 978-3-8346-4274-5 | www.verlagruhr.de
Abb.: © Jens Müller

2. Alle Vögel sind schon da

Darum geht's

Das Frühlingslied ist ein bekanntes Kinderlied und zeigt, mit welcher Freude Vögel den Frühling begrüßen.

Kompetenzerwartungen

Die Schüler*innen ...

- schulen ihre Stimme durch Stimmübungen
- bewegen sich zum Lied

Material

- Lied „Alle Vögel sind schon da" (S. 12)
- Bildvorlage „Vögel" (S. 13) oder Poster mit bekannten Vogelarten

Das bereiten Sie vor

Machen Sie sich mit dem Lied und dem Singspiel vertraut.

Stundenverlauf

1. Einstieg

Sammeln Sie das Vorwissen der Kinder zum Thema „Vögel". Welche Vogelarten kennen sie? Wie sehen die Vögel aus? Wie rufen sie? Zeigen Sie die Bildvorlage oder, falls vorhanden, ein Poster mit verschiedenen Vogelarten.

2. Stimmübung

Das zu erlernende Lied besitzt einen weiten Tonumfang. Wecken Sie darum die Kinderstimmen mit einem Glissando, indem die Schüler*innen ihre Stimmen durch viele Töne gleiten lassen.
Rufen Sie: „Seid ihr alle da?" Die Kinder antworten: „Jaaaaa!", indem sie von hohen zu tiefen Tönen gleiten. Verdeutlichen und unterstützen Sie dies mit einer Hand, die Sie vor dem Körper von oben nach unten führen. Anschließend können so weitere Stimmübungen erfolgen, indem Sie die Kinder von tiefen zu hohen Tönen leiten oder mit der Hand Tonsprünge andeuten.

3. Liederarbeitung

Singen Sie das Lied vor. Die Kinder äußern sich frei dazu. Klären Sie ggf. Begriffe wie „Tiriliern". Die Schüler*innen singen das Lied nach. Singen Sie dazu das Lied ggf. wiederholt vor, sodass sich Text und Melodie gut einprägen. Anschließend begleiten die Kinder das Lied mit den nachfolgenden Bewegungen.
Die Kinder stehen im Kreis mit etwas Abstand zueinander und nehmen den Grundschlag mit den Füßen auf. Diesen behalten sie, auf der Stelle tretend, während des Liedes bei. Bei „Alle Vögel sind schon da, alle Vögel alle" bewegen die Kinder ihre Arme auf und ab wie Vögel ihre Flügel.
Bei „Welch ein Singen, Musiziern, Pfeifen, Zwitschern, Tiriliern" lassen sie die Vögel sprechen bzw. singen, indem sie die Daumen und Mittelfinger abwechselnd schließen und öffnen. Bei „Frühling will nun einmarschiern, kommt mit Sang und Schalle" gehen die Kinder im Kreis in Marschrichtung voran.

4. Abschluss

Singen Sie das Lied noch einmal mit den Bewegungen. Zum Schluss „fliegen" alle Kinder auf ihren Platz zurück.

Erweiterung

Musik → Singen Sie alle Strophen mit den Kindern.

Spiel → Auf ein Kommando beginnen alle Kinder, als Vögel mit ausgebreiteten Armen durch den Raum zu fliegen. Auf den Zuruf „Heimflug" fliegen alle schnell zurück zum Nest. Der letzte Vogel muss ausscheiden. Er passt nicht mehr ins Nest. Gewonnen hat das Kind, das in der letzten Runde als erstes ins Nest fliegt. Ausgeschiedene Kinder rufen „Heimflug".

Kunst → Die Kinder drücken ihre gespreizte Hand mit Fingerfarbe auf ein Blatt Papier (Hochformat). Anschließend wird das Blatt ins Querformat gedreht. Der Abdruck zeigt einen Vogelkörper von der Seite. Die Kinder ergänzen Kopf, Schnabel und Vogelfüße.

Alle Vögel sind schon da

Text: Heinrich Hoffmann von Fallersleben (1798–1874)
Melodie: Marie Nathusius (1817–1857)

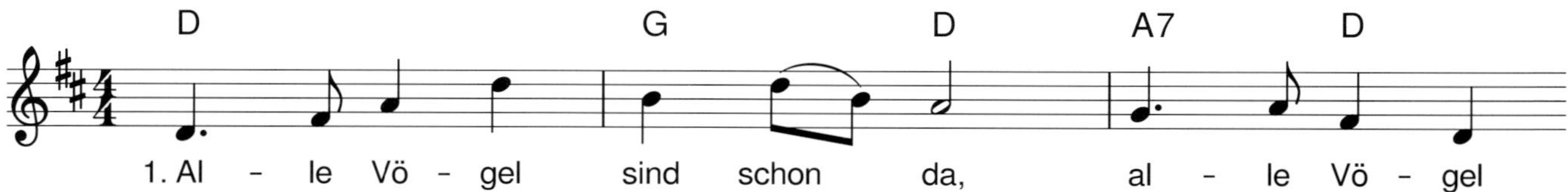

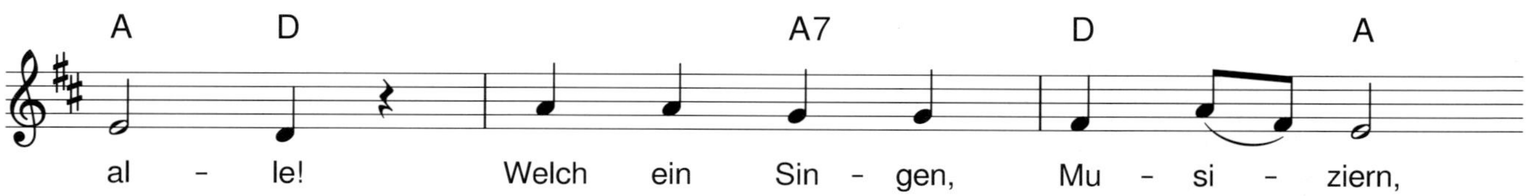

2. Wie sie alle lustig sind,
flink und froh sich regen!
Amsel, Drossel, Fink und Star
und die ganze Vogelschar
wünschen dir ein frohes Jahr,
lauter Heil und Segen.

3. Was sie uns verkünden nun,
nehmen wir zu Herzen:
Wir auch wollen lustig sein,
lustig wie die Vögelein,
hier und dort, feldaus, feldein
singen, springen, scherzen!

© Verlag an der Ruhr | Autorin: Kerstin Tieste | ISBN 978-3-8346-4274-5 | www.verlagruhr.de

Vögel

Amsel

© cmnaumann – stock.adobe.com

Drossel

© photomaster – Shutterstock.com

Fink

© WildlifeWorld – Shutterstock.com

Star

© Philippe Clement – Shutterstock.com

© Verlag an der Ruhr | Autorin: Kerstin Tieste | ISBN 978-3-8346-4274-5 | www.verlagruhr.de

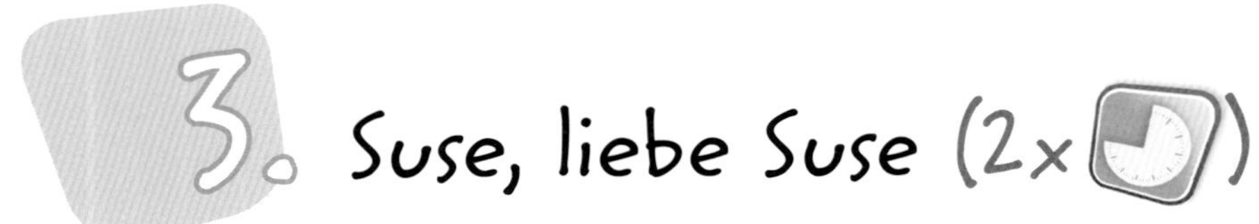

Darum geht's

Das Wiegenlied ist uns aus dem Mittelalter mündlich überliefert. Es ist erstmals 1808 in der Volksliedsammlung „Des Knaben Wunderhorn" von Clemens Brentano und Achim von Arnim herausgegeben worden. Die erste und dritte Strophe wurden von Engelbert Humperdinck 1893 in seiner Oper „Hänsel und Gretel" verwendet. Armut, Not und Sorgen der Menschen in früherer Zeit spürt man noch heute in und zwischen den Zeilen des Liedes. „Suse" (susa, sause) ist der Imperativ von „susen" und bedeutet „ein Kind in den Schlaf wiegen", nach Grimm auch „leise singen, summen". Im Verlauf der Zeit haben diese Wörter auch neue Bedeutungen erfahren. Die „Suse" in diesem Lied ist also ursprünglich nicht vom Namen Susanne abgeleitet worden.

Kompetenzerwartungen

Die Schüler*innen ...

- lernen ein traditionelles Wiegenlied kennen
- machen sich mit dem Rhythmus eines Wiegenliedes vertraut
- experimentieren mit dem Luftstrom ihres Atems
- erfahren durch Textdeutung etwas über die Lebensumstände vergangener Zeiten

Material

- Lied „Suse, liebe Suse" (S. 16)
- kleine, leichte Feder für jede 2er-Gruppe
- Bildvorlage „Gans" (S. 17)

Das bereiten Sie vor

Machen Sie sich mit dem Lied vertraut.

Stundenverlauf Stunde 1

1. Einstieg

Bilden Sie vier bis fünf Gruppentische. Die Schüler*innen lernen die Kraft ihres Atems kennen und einschätzen, indem sie die folgenden Übungen durchführen:

- Die Kinder blasen sanft in die geöffnete Hand, um den Atem zu spüren.
- Die Hand wandert fort vom Mund, bis der Atem nicht mehr spürbar ist.
- Die Hand wandert zurück zum Mund, bis der Atem wieder spürbar wird.
- Die Kinder experimentieren mit der Luftstromstärke beim Blasen.
- Sie fühlen mit der Hand den Atem beim Nachbarkind. Welchen Unterschied stellt man beim „Hauchen" fest?

Die Schüler*innen stellen sich jeweils um die vorbereiteten Tischgruppen herum.
Jede Tischgruppe erhält eine Feder.
Die Kinder blasen vorsichtig und zart einander die Feder über den Tisch zu, damit sie nicht zu Boden fällt.

2. Liederarbeitung

Stellen Sie z. B. folgende Einstiegsfragen:

- Welche Tiere besitzen Federn?
- Welche Vogelarten kennt ihr?
- Sind Vögel auch Nutztiere? (Begriff klären)
- Welchen Nutzen haben Vögel für Menschen? (Z. B. Eier und Fleisch)

Zeigen Sie den Kindern das Bild mit der Gans. Die Schüler*innen äußern sich frei dazu.
Erklären Sie, dass es in dem Schlaflied „Suse, liebe Suse" auch um eine Gans geht. Singen Sie den Schüler*innen die erste Strophe des Liedes vor und geben Sie ihnen Gelegenheit, sich frei dazu zu äußern.
Schließen Sie ein Gespräch an und fassen Sie zusammen: Der Schuster kann für die Gänse keine Schuhe schustern, es fehlen ihm Leisten (Holzstück in Fußform, worauf das Leder für einen Schuh gearbeitet wird).
Singen Sie die Strophe noch einmal vor, bevor Sie sie gemeinsam mit den Schüler*innen singen. Wiederholen

Suse, liebe Suse (2x)

Sie die Strophe ggf. einige Male, sodass sich Text und Melodie gut einprägen.

Lassen Sie die Schüler*innen nochmals sanft in ihre Hand blasen. Genauso sanft sollen die Kinder mit Ihnen gemeinsam die erste Strophe singen, denn es handelt sich um ein Wiegenlied, ein Einschlaflied für Kinder.

Singen Sie im Anschluss die zweite Strophe vor, die uns aus heutiger Sicht grausam erscheint. Geben Sie den Kindern den Auftrag, herauszuhören, warum das „Gockerle" sterben muss.
Schließen Sie ein Gespräch an und fassen Sie zusammen: Legt ein Nutzvogel (z. B. Huhn oder Gans) keine Eier, sind der einzige Nutzen nur seine Federn, mit denen im Lied die Kinderbettdecke gefüllt wird. Singen Sie die Strophe gemeinsam mit den Kindern.

Wiederholen Sie gemeinsam mit den Schüler*innen beide Strophen.
Es handelt sich um ein Schlaflied, mit dem die Mütter die Kinder im Arm wiegen.
Alle Schüler*innen übernehmen singend den wiegenden Rhythmus von Seite zu Seite, legen dafür ihre Hände im Schoß ineinander und stellen sich vor, dass eine leichte Feder darin liegt. Am Ende wird die imaginäre Feder sanft davongeblasen.

3. Abschluss

Die Kinder legen den Kopf auf ihre Arme, schließen ihre Augen und horchen auf die Geräusche ihres Atems und die Geräusche in der Klasse. Die Schüler*innen berichten anschließend: Welche Laute haben sie wahrgenommen?

Abb.: © Dorothee Wolters

Stundenverlauf Stunde 2

1. Einstieg

Die Kinder stellen sich paarweise auf und erhalten eine Feder pro 2er-Gruppe. Ein Kind bläst von seiner Handfläche dem anderen Kind die Feder so zu, dass es sie auf seiner flachen, geöffneten Handfläche landen lassen kann.

2. Erinnerung an das Thema

Fragen Sie die Schüler*innen, woran sie sich noch von der letzten Stunde erinnern (Wiegenlied, Inhalt ...). Singen Sie gemeinsam die ersten beiden Strophen.

3. Liederarbeitung

Singen Sie die dritte Strophe vor.
Geben Sie den Kindern den Auftrag, herauszuhören, was im Lied gemacht wird, um Geld (einen Dreier) zu erhalten. Schließen Sie ein Gespräch an und fassen Sie zusammen: Die Armut ist damals so groß gewesen, dass man darüber nachdachte, sein Bett zu verkaufen, um sich für den Erlös etwas Brot und Zucker zu kaufen.
Singen Sie gemeinsam mehrmals die dritte Strophe des Liedes, sodass sich der Text gut einprägt.

4. Abschluss

Singen Sie gemeinsam mit den Kindern alle drei Strophen des Liedes und lassen Sie die Kinder beim Singen den wiegenden Rhythmus übernehmen.
Sprechen Sie mit den Schüler*innen über das Lied. Was denken die Kinder über die Lebenssituation (vielleicht die der Schusterfamilie), die im Lied beschrieben wird?
Berichten Sie, dass das Lied aus einer Zeit stammt, in der die Armut mancher Familien so groß gewesen ist, dass sie nicht wussten, ob sie am nächsten Tag etwas zu essen haben würden, und die Mütter so manchen Abend ihre Kinder voller Sorge traurig in den Schlaf wiegten.
Sprechen Sie darüber, dass es uns heutzutage viel besser geht und niemand mehr so sehr hungern muss wie im Lied.

Suse, liebe Suse

Text aus „Des Knaben Wunderhorn"
Melodie: volkstümlich

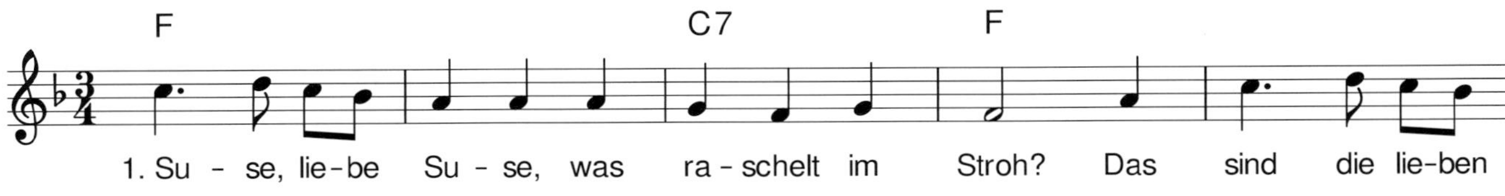

2. Eia, popeia, schlag's Gockerle tot,
es legt mir keine Eier
und frisst mir mein Brot;
so rupfen wir ihm dann
die Federchen aus
und machen dem Kindlein
ein Bettlein daraus!

3. Eia, popeia, das ist eine Not;
wer schenkt mir ein'n Heller
zu Zucker und Brot?
Verkauf ich mein Bettlein
und leg mich aufs Stroh,
dann sticht mich keine Feder
und beißt mich kein Floh.

© Verlag an der Ruhr | Autorin: Kerstin Tieste | ISBN 978-3-8346-4274-5 | www.verlagruhr.de
Abb.: © Eva Spanjardt

Gans

Abb.: © axepe – stock.adobe.com
© Verlag an der Ruhr | Autorin: Kerstin Tieste | ISBN 978-3-8346-4274-5 | www.verlagruhr.de

Komm, lieber Mai

Darum geht's

Es geht um die Freude eines Kindes, im Frühling nach langen Wintertagen wieder im Freien spielen zu können.

Kompetenzerwartungen

Die Schüler*innen …
- erarbeiten sich ein Lied durch ein Singspiel
- wandeln den Liedtext ab

Material

- Lied „Komm, lieber Mai" (S. 19)
- ca. 15–20 Tücher, vorzugsweise Chiffontücher (alternativ Kosmetik- oder Papiertaschentücher)
- Bildvorlage „Frühlingsblumen" (S. 20)

Das bereiten Sie vor

Erlernen Sie das Lied und machen Sie sich mit dem Ablauf des Singspiels vertraut. Kopieren Sie ggf. die Bildvorlage für jedes Kind.

Stundenverlauf

1. Einstieg

Bilden Sie einen Sitzkreis. Fragen Sie die Kinder, welche Frühlingmonate es gibt: März, April, Mai. Fragen Sie weiter, was den Frühling kennzeichnet: Die Sonne scheint wärmer, man kann draußen spielen, die Bäume bekommen Blätter, die ersten Blumen blühen.
Lassen Sie die Schüler*innen Frühlingsblumen aufzählen. Zeigen Sie die Bildvorlage und lassen Sie die Kinder die Blumen benennen: Schneeglöckchen, Narzisse, Tulpe, Krokus, Hyazinthe, Maiglöckchen, Veilchen.

TIPP → Zeigen Sie die Blumen ggf. mit dem Beamer und besprechen Sie sie kurz.

2. Liederarbeitung

Singen Sie die erste Strophe des Liedes vor und die Kinder singen nach und nach mit.
Wenn die Kinder die Strophe beherrschen, wird ein doppelter Stehkreis (Innen- und Außenkreis) gebildet. Der Innenkreis besteht aus sechs Kindern, die sich an den Händen fassen und so einen im Kreis fließenden Bach bilden. In der Kreismitte stellen zwei Kinder Bäume dar, indem sie sich Rücken an Rücken stellen. Den Außenkreis bilden alle anderen Kinder. Sie sind die Veilchen, die mit ausgestreckten Armen nebeneinanderstehen, ohne dass sich ihre ausgestreckten Hände berühren können.

Die Kinder singen nun das Lied und führen dabei die folgenden Bewegungen durch:
- Die Bachkinder gehen langsam einmal im Kreis um die Bäume und bleiben dann stehen.
- Die Baumkinder heben währenddessen die Arme und spreizen die Finger hoch in der Luft bis zum Ende der Strophe.
- Die Kinder im Außenkreis gehen in einer Richtung langsam voran, schwenken die Tücher außen und bleiben mit Strophenende stehen.

Das Singspiel beginnt erneut, jedoch wird dieses Mal statt „die kleinen Veilchen" „die weißen Schneeglöckchen" gesungen.

3. Abschluss

Singen Sie gemeinsam noch weitere Strophen mit wechselnden Blumen, z. B. „die bunten Tulpen", „die kleinen Krokusse", „die Osterglocken" oder „die Buschwindröschen".
Als Abschluss können Sie singen: „Ach, lieber Mai, wie gerne, die Kinder dürfen nun gehn."
Wer möchte, kann nun noch die Vorlage mit den Frühblühern ausmalen.

Erweiterung

Musik → Erarbeiten Sie noch weitere Strophen des Liedes.

Komm, lieber Mai

Melodie: Wolfgang Amadeus Mozart (1756–1791)
Text: Christian Adolf Overbeck (1755–1821)

2. Zwar Wintertage haben
wohl auch der Freuden viel;
man kann im Schnee eins traben,
und treibt manch Abendspiel;
baut Häuserchen von Karten,
spielt Blindekuh und Pfand;
auch gibt's wohl Schlittenfahrten
aufs liebe freie Land.

3. Doch wenn die Vöglein singen
und wir dann froh und flink
auf grünen Rasen springen,
das ist ein ander Ding!
Jetzt muss mein Steckenpferdchen
dort in dem Winkel stehn,
denn draußen in dem Gärtchen
kann man vor Kot nicht gehn.

4. Am meisten aber dauert
mich Fiekchens Herzeleid.
Das arme Mädchen lauert
recht auf die Blumenzeit!
Umsonst hol ich ihr Spielchen
zum Zeitvertreib herbei:
Sie sitzt in ihrem Stühlchen
wie's Hühnchen auf dem Ei.

5. Ach, wenn's doch erst gelinder
und grüner draußen wär!
Komm, lieber Mai, wir Kinder,
wir bitten gar zu sehr!
O komm und bring vor allem
uns viele Veilchen mit!
Bring auch viel Nachtigallen
und schöne Kuckucks mit!

© Verlag an der Ruhr | Autorin: Kerstin Tieste | ISBN 978-3-8346-4274-5 | www.verlagruhr.de

Frühlingsblumen

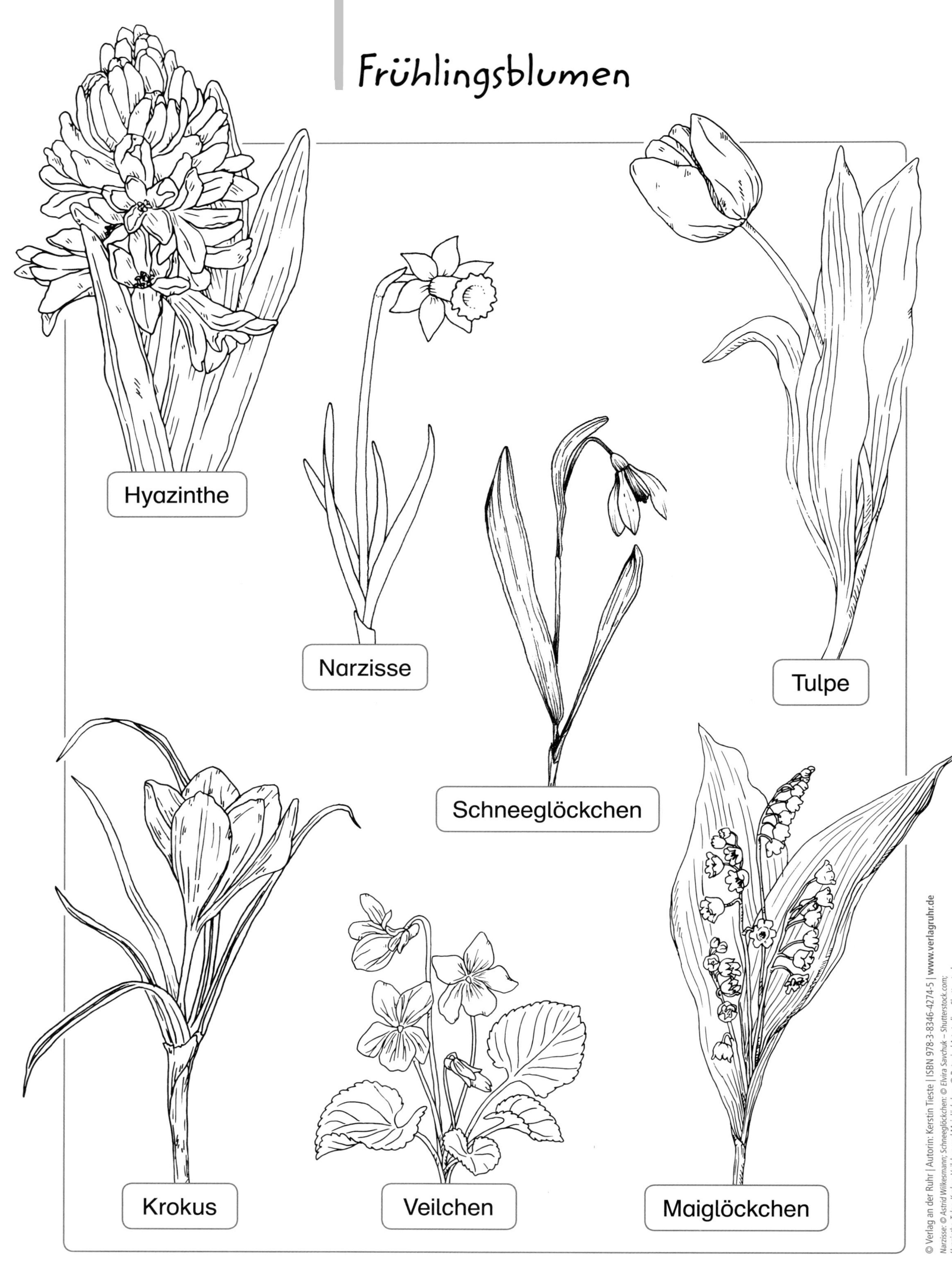

© Verlag an der Ruhr | Autorin: Kerstin Tieste | ISBN 978-3-8346-4274-5 | **www.verlagruhr.de**
Narzisse: © Astrid Wilkesmann; Schneeglöckchen: © Elvira Savchuk – Shutterstock.com;
Hyazinthe, Tulpe, Krokus, Veilchen und Maiglöckchen: © Botanical Art studio – Shutterstock.com

5. Die Affen rasen durch den Wald

Darum geht's

Das Lied handelt von einer Affenhorde auf der Suche nach einer verlorenen Kokosnuss, die zum Glück beim Affenbaby wiedergefunden wird. Verschiedene Übungen zeigen, wie man einen vorgegebenen Rhythmus durchgängig beibehalten kann.

Kompetenzerwartungen

Die Schüler*innen …

- erleben Rhythmik durch verschiedene Übungen des Trommelns
- üben einen Sprechgesang
- singen das Lied

Material

- Lied „Die Affen rasen durch den Wald" (S. 23)
- Trommel
- ggf. Kopiervorlage „Die Affen rasen durch den Wald" (S. 24)

Das bereiten Sie vor

Machen Sie sich mit dem Lied vertraut und üben Sie den Sprechgesang. Kopieren Sie ggf. die Kopiervorlage für jedes Kind.

Abb.: © Jens Müller

Stundenverlauf

1. Einstieg

Bilden Sie einen Sitzkreis. Fragen Sie die Kinder, was sie über Affen wissen. Wie bewegen sich Affen? Welche Laute geben sie von sich?
Affen sind immer in Bewegung und Trommeln macht ihnen besonders viel Spaß. Die Schüler*innen dürfen Affen sein: Geben Sie einen Trommelrhythmus vor, zu dem sich die Kinder als Affen bewegen.

TIPP → Das Trommeln kann auch von Kindern übernommen werden. Leiten Sie sie an, einen Rhythmus über längere Zeit beizubehalten, damit die Gruppe sich darauf einstellen kann.

2. Sprechgesang

Bilden Sie einen Stehkreis. Geben Sie folgenden Rhythmus vor, indem Sie abwechselnd in die Hände klatschen und auf die Oberschenkel patschen. Die Kinder übernehmen den Rhythmus.

Beginnen Sie das Spiel mit den folgenden Worten, indem Sie bei den unterstrichenen Silben jeweils klatschen bzw. patschen: „(Na-me) hat die Kokosnuss vom Baum geklaut!"
Das betreffende Kind zeigt auf sich und antwortet: „Wer? Ich?"
Alle entgegnen: „Ja, du!"
Kind: „Ich nicht!"
Alle: „Wer dann?"
Das angesprochene Kind sucht sich ein neues Kind aus und sagt:
„(Na-me) hat die Kokosnuss vom Baum geklaut!"

Das Spiel endet, wenn alle Kinder einmal namentlich genannt worden sind und Sie von den Kindern als letzte Person angesprochen werden.

Die Affen rasen durch den Wald

3. Liederarbeitung

Singen Sie den Kindern die erste Strophe vor. Gestalten Sie diese Strophe rhythmisch mit Klatschen. Bei „brüllt" können Sie das Klatschen kurzzeitig aussetzen.

Singen Sie gemeinsam mit den Kindern die erste Strophe. Stellen Sie anschließend die weiteren Strophen vor. Die Kinder wiederholen jeweils.

Erklären Sie den Schüler*innen den Begriff „Moral" im Schlusssatz des Liedes, z. B.: „Mit Moral werden die Regeln bezeichnet, die von allen anerkannt sind. Wenn sich jemand an die Moral (Regeln) hält, dann hat er sich so verhalten, wie es alle gut und richtig finden (hier: Kokosnüsse klaut man nicht, sondern sie sind für alle Affen da)."

Verteilen Sie nun die Rollen: Affenmama, Affenopa, Affenonkel, Affenbaby.

TIPP → Die Rollen können mehrfach vergeben werden. Die jeweiligen Schüler*innen agieren dann gleichzeitig.

Das Kind, das in der jeweiligen Strophe genannt wird, zeigt die Bewegungen des Liedtextes pantomimisch in der Kreismitte, während die anderen Kinder die Strophe singen. Sprechen Sie vorher die Aktionen mit den Kindern ab, sodass sie sie üben können.

TIPP → Legen Sie Wert auf eine exakte Ausführung und unterbinden Sie zu wildes Auftreten der Kinder. Wer sich nicht an die Absprachen hält, kann nicht an der Aktion in der Stuhlkreismitte teilnehmen.

4. Abschluss

Die Kinder tauschen die Rollen und singen das Lied samt Bewegungen noch einmal.

Erweiterung

Musik → Lassen Sie Kinder eine eigene Affenbanden-Strophe erfinden oder trommeln Sie mit allen Kindern und veranstalten Sie eine Affen-Trommelsession: Ein*e Vortrommler*in gibt den Rhythmus vor und alle antworten mit ihren Trommeln als Echo.

Spiel → Bilden Sie einen Sitzkreis: Alle Schüler*innen halten die Hände hinter dem Rücken versteckt.
Ein Kind sitzt in der Kreismitte: Affe Koko. Er soll eine Kokosnuss bewachen, die der Affenbande gehört.
Er ist müde und schläft in der Kreismitte ein. In seiner Nähe liegt die Kokosnuss (Ball).
Ein Affe schleicht sich an, klaut die Nuss, nimmt sie mit auf seinen Platz und hält sie auf dem Rücken versteckt.
Der Diebstahl ist gelungen, die Kinder wecken Koko: „Koko, die Kokosnuss ist geklaut!"
Koko erwacht. Er hat drei Versuche, die Kokosnuss zu finden.
Koko geht zu einem Kind seiner Wahl, das ihm seine Hände zeigen soll. Hat es die Nuss, wird es zum neuen Koko.
Sind seine Hände leer, geht Koko zum nächsten Kind.
Findet er die Kokosnuss nicht, zeigen alle ihre Hände und er kann sehen, wer die Kokosnuss hat.
Daraufhin wird ein neuer Koko bestimmt.

Kunst → Die Kinder malen oder zeichnen eine Szene aus dem Lied. Als Hilfe können Sie die Kopiervorlage an die Kinder verteilen. Die Schüler*innen malen die Affenfamilie dazu.

Lied

Die Affen rasen durch den Wald

Text und Musik: volkstümlich

2. Die Affenmama sitzt am Fluss
und angelt nach der Kokosnuss,
die ganze Affenbande brüllt:
Wo ist die …

3. Der Affenopa kriegt 'ne Wut,
die Wut ist groß, man sieht es gut,
die ganze Affenbande brüllt:
Wo ist die …

4. Der Affenonkel, voll Verdruss,
sucht in dem Wald die Kokosnuss,
die ganze Affenbande brüllt:
Wo ist die …

5. Das Affenbaby, voll Genuss,
hält in der Hand die Kokosnuss,
die ganze Affenbande brüllt:
Es hat die Kokosnuss,
es hat die Kokosnuss,
es hat die Kokosnuss geklaut.

6. Da ruft der Affenopapa:
Die Kokosnuss ist wieder da;
die ganze Affenbande brüllt:
Ja, ja, die Kokosnuss,
ja, ja, die Kokosnuss,
die Kokosnuss ist wieder da!

© Verlag an der Ruhr | Autorin: Kerstin Tieste | ISBN 978-3-8346-4274-5 | www.verlagruhr.de

Die Affen rasen durch den Wald

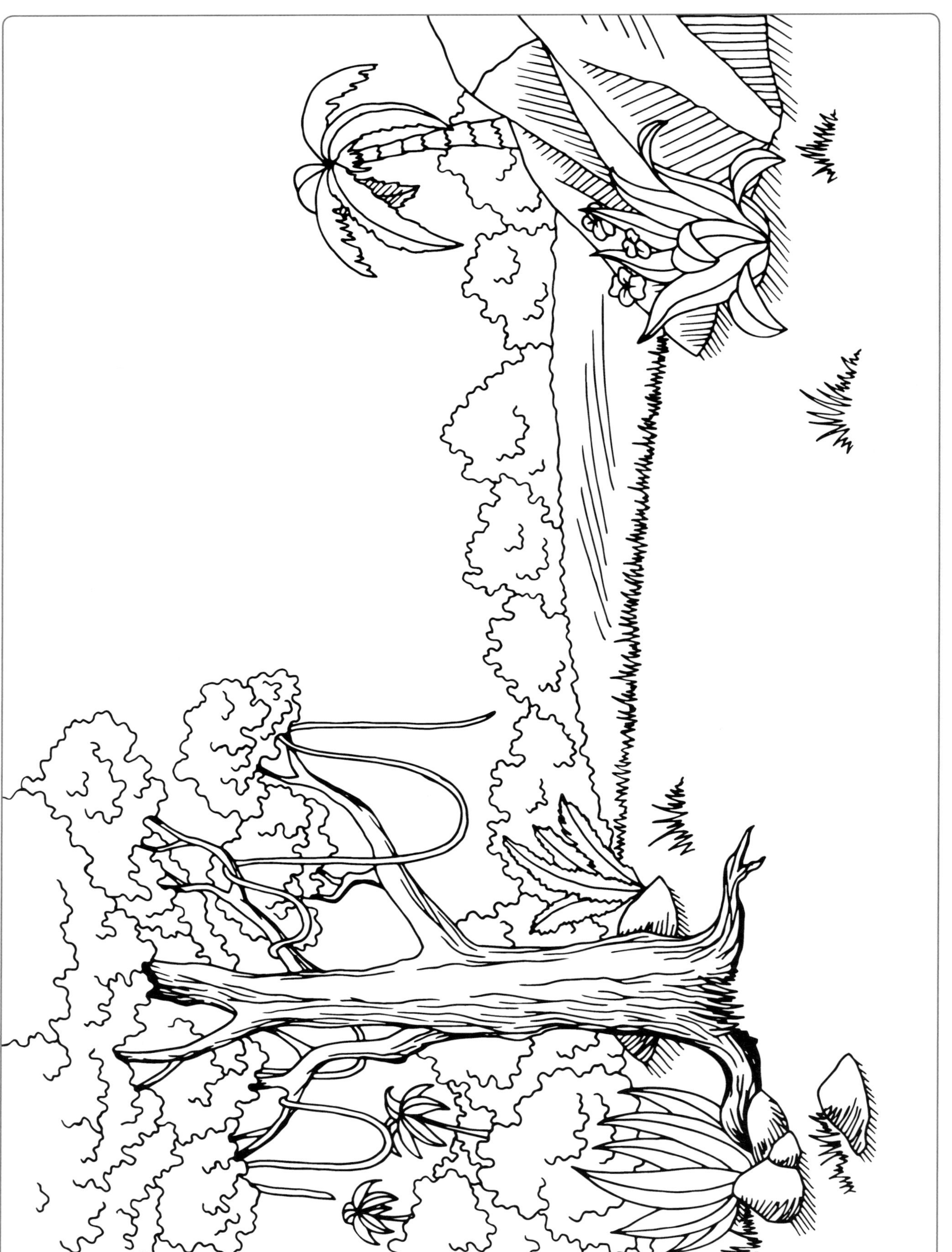

© Verlag an der Ruhr | Autorin: Kerstin Tieste | ISBN 978-3-8346-4274-5 | www.verlagruhr.de
Abb.: © Aluna1 – Shutterstock.com

Old Mac Donald had a farm

Darum geht's

In diesem beliebten englischen Kinderlied geht es um einen Bauern namens Mac Donald und die verschiedenen Tiere, die auf seiner Farm leben. In jeder Strophe werden ein Tier und sein jeweiliges Geräusch vorgestellt.

Kompetenzerwartungen

Die Schüler*innen ...

- singen ein englisches Lied
- agieren als Gruppe im Chorgesang

Material

- Lied „Old Mac Donald had a farm" (S. 27)
- Bild- und Wortkarten „Tiere" (S. 28/29)
- ggf. Kopiervorlage „Old Mac Donald" (S. 30)

Das bereiten Sie vor

Machen Sie sich mit dem Lied vertraut. Kopieren Sie die Bild- und Wortkarten (ggf. vergrößert) und schneiden Sie sie auseinander. Kopieren Sie ggf. die Kopiervorlage für jedes Kind.

Stundenverlauf

1. Einstieg

Erklären Sie den Kindern mit „We will sing a song", dass sie nun ein englisches Lied lernen werden.

2. Liederarbeitung

Bilden Sie einen Sitzkreis.
Erklären Sie: Das Lied handelt von Tieren auf einem Bauernhof. Der Bauer, dem der Bauernhof (die Farm) gehört, ist schon alt und heißt Old Mac Donald. Seine Tiere laufen kreuz und quer auf der Farm herum. Sie sind mal hier und mal da und Old Mac Donald ist schon ganz verzweifelt. Die Schüler*innen vermuten, was passiert sein könnte.

Singen Sie die erste Strophe des Liedes vor. Geben Sie den Kindern den Auftrag, folgende Dinge herauszuhören:

- Welche Tiere werden im Lied vorgestellt?
- Welchen Laut machen die Tiere?

Besprechen Sie die Ergebnisse und legen Sie das Bild mit den Hühnern, die Wortkarten mit dem englischen und deutschen Namen sowie der englischen Lautäußerung in die Mitte des Sitzkreises.
Singen Sie die erste Strophe noch einmal vor. Die Schüler*innen wiederholen sie.
Klären Sie den Text und helfen Sie ggf. bei der Übersetzung. Singen Sie die Strophe noch einmal, damit sich Melodie und Text gut einprägen.

Singen Sie nun die restlichen Strophen vor und geben Sie vorab den Kindern den Auftrag, herauszuhören, welche Tiere noch auf der Farm leben. Anfang und Schluss der Strophen singen die Kinder jeweils mit.
Sammeln Sie im Anschluss die Lösungen und lassen Sie die entsprechenden Bild- und Wortkarten von den Schüler*innen zuordnen und in die richtige Reihenfolge bringen.

Old Mac Donald had a farm

Vergeben Sie nun jeweils ein Tier an jedes Kind. Mehrfachbesetzungen sind möglich.
Singen Sie gemeinsam mit den Kindern alle Strophen. Wenn das entsprechende Tier an der Reihe ist, stehen die jeweiligen Kinder auf und setzen sich anschließend rasch wieder hin. Anfang und Ende werden stets im Sitzen gesungen und geklatscht. Bei den Geräuschen der Tiere pausieren die Kinder mit dem Klatschen.

TIPP → Üben Sie das Aufstehen ggf. vorher: "All ducks stand up. – Sit down. – All geese stand up. – Sit down. …"

3. Abschluss

Die Schüler*innen entlassen jeweils die anderen Tiergruppen aus dem Sitzkreis. „All chicks bye bye". Die Kinder verlassen mit den jeweils passenden Geräuschen den Sitzkreis.

Erweiterung

Musik → Die Kinder können die Tiere mit geeigneten Instrumenten darstellen. Passend zum Thema „Zoo", kann das Lied auf Wildtiere umgedichtet werden.

Kunst → Die Kinder zeichnen die Tierlaute grafisch in großformatigen Buchstaben und gestalten sie farbig. Alternativ können Sie die Kopiervorlage an die Kinder verteilen. Die Schüler*innen malen die Tiere aus und zeichnen den Farmer hinzu.

Deutsch → Lassen Sie die Schüler*innen eine kleine Geschichte schreiben: Warum laufen die Tiere auf der Farm frei herum? Was ist passiert?

Abb.: © Jens Müller

Old Mac Donald had a farm

Text und Melodie: volkstümlich

2. Old Mac Donald had a farm, I-A-I-A-O.
   And on his farm he had some ducks, I-A-I-A-O.
   With a quack-quack here and a quack-quack there,
   here a quack, there a quack, ev'rywhere a quack-quack.
   Old Mac Donald had a farm, I-A-I-A-O.

3. Old Mac Donald had a farm, I-A-I-A-O.
   And on his farm he had some geese, I-A-I-A-O.
   With a gabble here and a gabble there,
   here a gabble, there a gabble, ev'rywhere a gabble-gabble.
   Old Mac Donald had a farm, I-A-I-A-O.

4. Old Mac Donald had a farm, I-A-I-A-O.
   And on his farm he had a cow, I-A-I-A-O.
   With a moo-moo here and a moo-moo there,
   here a moo, there a moo, ev'rywhere a moo-moo.
   Old Mac Donald had a farm, I-A-I-A-O.

5. Old Mac Donald had a farm, I-A-I-A-O.
   And on his farm he had a pig, I-A-I-A-O.
   With a oink-oink here and a oink-oink there,
   here a oink, there a oink, ev'rywhere a oink-oink.
   Old Mac Donald had a farm, I-A-I-A-O.

© Verlag an der Ruhr | Autorin: Kerstin Tieste | ISBN 978-3-8346-4274-5 | www.verlagruhr.de

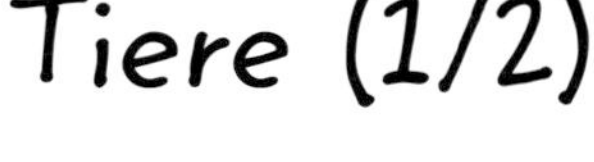

© Tony Campbell – stock.adobe.com

© shishiga – stock.adobe.com

© cristianstorto – stock.adobe.com

© Eugen Wais – stock.adobe.com

© spinetta – stock.adobe.com

© Verlag an der Ruhr | Autorin: Kerstin Tieste | ISBN 978-3-8346-4274-5 | www.verlagruhr.de

Tiere (2/2)

chicks

Hühner

ducks

Enten

geese

Gänse

cow

Kuh

pig

Schwein

chick-chick

quack-quack

gabble

moo-moo

oink-oink

© Verlag an der Ruhr | Autorin: Kerstin Tieste | ISBN 978-3-8346-4274-5 | www.verlagruhr.de

Old Mac Donald

© Verlag an der Ruhr | Autorin: Kerstin Tieste | ISBN 978-3-8346-4274-5 | **www.verlagruhr.de**
Huhn: © Tony Campbell; Ente: © shishiga; Gans: © cristianstorto; Kuh: © Eugen Wais; Schwein: © spinetta – alle stock.adobe.com; Bauernhof: © Jens Müller

Ein Mann, der sich Kolumbus nannt

Darum geht's

Das Scherzlied erzählt von der Entdeckung Amerikas durch Christoph Kolumbus und transportiert in einem mehrdeutigen Unsinnstext die Selbstgefälligkeit des Kolonialismus.

Kompetenzerwartungen

Die Schüler*innen …

- lernen ein traditionelles Scherzlied
- setzen körpereigene Instrumente und Alternativgeräusche zur Vertonung ein
- singen in Kleingruppen im Chor

Material

- Lied „Ein Mann, der sich Kolumbus nannt" (S. 33)
- Bildvorlage „Christoph Kolumbus" (S. 34)
- Bildvorlage „Santa Maria" (S. 35)
- pro Kind ein ca. handtellergroßes Stück Bastelwellpappe (keine normale Pappe, sie ist zu weich)

Das bereiten Sie vor

Schneiden Sie die Wellpappe für die Schüler handtellergroß zurecht. Kopieren Sie ggf. die Bildvorlage „Santa Maria" für jedes Kind.

Stundenverlauf

1. Einstieg

Sprechen Sie mit den Schüler*innen über Christoph Kolumbus, den Entdecker Amerikas. Zeigen Sie sein Porträt und sein Schiff, die „Santa Maria".
Erzählen Sie den Kindern, dass sie nun ein Lied über den berühmten Entdecker kennenlernen werden.

2. Liederarbeitung

Singen Sie die erste Strophe des Liedes vor. Die Kinder singen nach und nach mit, zuerst die sich wiederholenden Teile („widewidewitt bum bum", „Gloria, Viktoria …"), dann die ganze Strophe.

Besprechen Sie die Wortbedeutungen:

- widewidewitt bum bum = Scherzworte
- Gloria = Ruhm
- Viktoria = Sieg
- juchheirassa = Jubelruf

Klären Sie den Inhalt des Textes: Kolumbus hatte Geldsorgen, daher war er froh über Aufträge.
Singen Sie die erste Strophe noch einmal gemeinsam. Bei „bum bum" trommeln die Kinder 2-mal mit der Faust auf den Tisch.
Verteilen Sie die vorbereiteten Wellpappen an die Schüler*innen. Die Kinder riffeln bei „widewidewitt" mit den Fingernägeln darüber, bei „bum bum" trommeln sie mit der Faust auf den Tisch.

TIPP → Lassen Sie die Kinder mit einer Hand die Wellpappe festhalten, mit der anderen Hand riffeln und trommeln.

Sie können das Üben erweitern, indem Sie die Klasse in zwei Gruppen teilen: die Riffler und die Trommler. Auf Handzeichen sind die einen oder die anderen oder beide gleichzeitig dran. Nun können Sie tolle Rhythmusfolgen trommeln und riffeln lassen. Auch Schüler*innen können das Dirigieren übernehmen.

Ein Mann, der sich Kolumbus nannt

Singen Sie den Kindern die zweite Strophe des Liedes vor. Bei „widewidewitt" und im Refrain singen die Schüler*innen unter Riffel- und Trommelbegleitung mit. Klären Sie den Inhalt des Textes: Da Kolumbus Geld brauchte, war er sehr froh, dass er vom König den gut bezahlten Auftrag bekam.
Singen Sie gemeinsam die zweite Strophe.

Verfahren Sie mit der dritten und vierten Strophe nach dem gleichen Prinzip.

Teilen Sie die Klasse in vier Gruppen ein. Jede Gruppe prägt sich nun eine der Strophen gut ein, sodass sie sie der Klasse vorsingen kann. Ggf. können sich die Gruppen auch Aktionen zum Text ausdenken, sodass der Vortrag noch plastischer wird.

3. Abschluss

Die Gruppen singen nun nacheinander ihre Strophen, sodass alle vier Strophen komplett vorgetragen werden. Bei „widewidewitt" und im Refrain singen alle mit Riffel- und Trommelbegleitung mit.

Erweiterung

Musik → Setzen Sie Instrumente als Begleitung ein, z. B. eine Pauke oder Trommel bei „bum bum", eine Rassel bei „widewidewitt" und ein Becken oder eine Zimbel bzw. Triangel bei „juchheirassa".

Musiktheater → Das Lied lässt sich als Theaterspiel mit Gesang und Musik umsetzen.

Kunst → Betrachten Sie mit den Kindern Abbildungen von Koggen und Karavellen und lassen Sie das dickbauchige Segelschiff „Santa Maria" von Kolumbus auf einem bewegten Meer malen. Teilen Sie ggf. zur Vereinfachung die Bildvorlage „Santa Maria" aus. Die Kinder malen das Schiff farbig aus und gestalten das Meer.

Erdkunde → Erforschen Sie mit den Schüler*innen, welche Route Kolumbus über das Meer genommen hat (s. Abb. unten).
Ebenso können die Kinder forschen, wie andere große Seefahrer und Entdecker hießen und welche Routen sie über die Weltmeere genommen haben.

Abb.: © AnnaNenasheva – Shutterstock.com

Ein Mann, der sich Kolumbus nannt

Text: volkstümlich
Melodie: volkstümlich, nach: „Ich bin der Doktor Eisenbart"

2. Als er den Morgenkaffee trank,
widewidewitt bum bum,
da rief er fröhlich: „Gott sei Dank!",
widewidewitt bum bum.
Denn schnell kam mit dem ersten Tram
der spansche König zu ihm an.

3. „Kolumbus", sprach er, „lieber Mann,
widewidewitt bum bum,
du hast schon manche Tat getan,
widewidewitt bum bum.
Eins fehlt noch unserer Gloria:
entdecke mir Amerika!"

4. Gesagt, getan, ein Mann, ein Wort,
widewidewitt bum bum,
am selben Tag fuhr er noch fort,
widewidewitt bum bum.
Und eines Morgens schrie er: „Land!!
Wie deucht mir alles so bekannt."

© Verlag an der Ruhr | Autorin: Kerstin Tieste | ISBN 978-3-8346-4274-5 | www.verlagruhr.de

Christoph Kolumbus

© Verlag an der Ruhr | Autorin: Kerstin Tieste | ISBN 978-3-8346-4274-5 | www.verlagruhr.de
Abb.: © Everett Historical – Shutterstock.com

Santa Maria

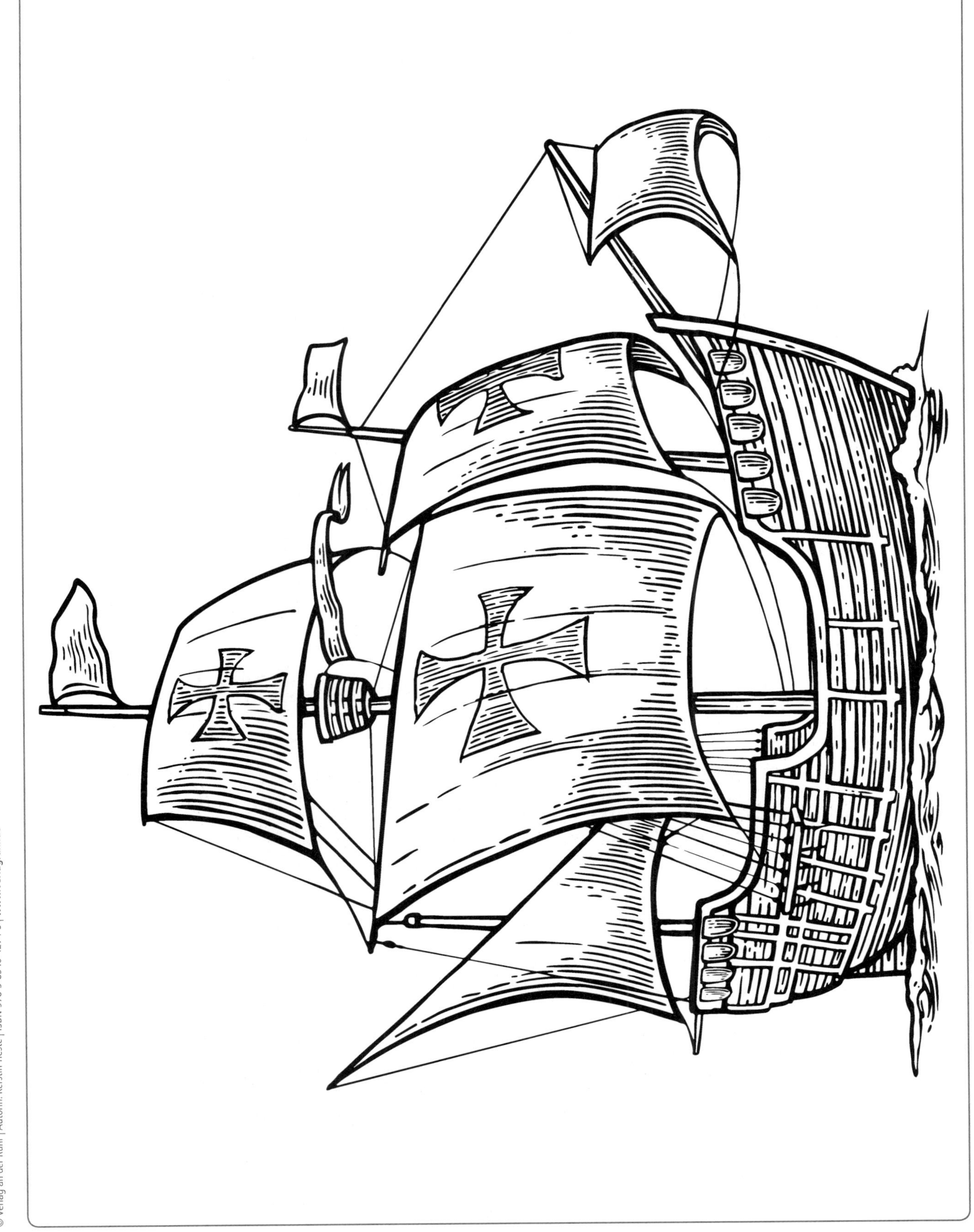

Abb.: © MoreVector – Shutterstock.com
© Verlag an der Ruhr | Autorin: Kerstin Tieste | ISBN 978-3-8346-4274-5 | www.verlagruhr.de

8. Schneeflöckchen, Weißröckchen

Darum geht's

Schnee bedeutet auch heute noch ganz besonderen Winterspaß. Die Urfassung dieses Winterliedes stammt von der Kindergärtnerin und Lehrerin Hedwig Haberkern und erfuhr einige Wandlungen zu verschiedenen Volksliedmelodien. „Weißröckchen" ist ein schlesisches Synonym für Schneeflocke.

Kompetenzerwartungen

Die Schüler*innen …
- lernen ein traditionelles Winterlied
- führen Stimmübungen aus
- nehmen Tonhöhen optisch bewusst wahr
- stellen Tonhöhen durch Gebärden selbst dar

Material

- Lied „Schneeflöckchen, Weißröckchen (S. 38)
- einige Kleininstrumente

Das bereiten Sie vor

Kopieren Sie das Liedblatt für jedes Kind.

Stundenverlauf

1. Einstieg

Schreiben Sie den folgenden Satz an die Tafel:
Sie tanzen und sie schweben.
Sie jagen sich und fliegen.

Die Kinder äußern sich frei dazu.
Wovon könnte die nun folgende Stunde handeln?
Lösen Sie das Rätsel auf: Es geht um Schneeflocken.

Die Kinder stellen sich vor, wie Schneeflocken aus den Wolken bis auf die Erde schweben. Sie strecken eine Hand so hoch wie möglich in Richtung „Himmel" und imitieren das sanfte Herabschweben der Flocken mit der Hand. Stimmlich begleiten Sie es mit einem absinkenden, langen „Hui" (Glissando).
Dann zeigen die Schüler*innen mit der aufsteigenden Hand, wie hoch der Schnee liegen wird, und begleiten die steigende Schneehöhe stimmlich mit einem nach oben geführten Glissando auf das Wort „Schnee".

2. Liederarbeitung

Legen Sie nun für die Erarbeitung des Liedes die Tonhöhe fest, indem Sie Ihre Hand ungefähr auf Brusthöhe halten. So wird für alle Schüler*innen die Tonhöhe für den Liedeinstieg optisch sichtbar. Begleiten Sie die ersten Worte „Schneeflöckchen, Weißröckchen", indem Sie mit Ihrer Hand die Tonhöhen anzeigen.

Singen Sie die erste Strophe des Liedes vor und zeigen Sie die Töne jeweils mit der Hand an. Die Kinder wiederholen gemeinsam mit Ihnen die Strophe.
Fragen Sie, ob die Schneehöhe/Tonhöhe bei den Worten „Schneeflöckchen, Weißröckchen" noch weiter ansteigt oder eher absinkt. Kann ein Kind diese beiden Worte singen und dabei die Tonhöhen mit seiner eigenen Hand zeigen?

Verteilen Sie die Liedblätter. Die Schüler*innen betrachten das Notenbild. Lässt sich das Ansteigen der Tonhöhe in den ersten beiden Takten auch an den Noten erkennen?

Eiskristalle: © kebay – stock.adobe.com

Schneeflöckchen, Weißröckchen

Singen Sie gemeinsam erneut die erste Strophe. Die Kinder tippen mit dem Finger auf die entsprechenden Noten.
Singen Sie jeweils die zweite und dritte Strophe vor. Die Kinder wiederholen sie. Lassen Sie die Schüler*innen Begleitgebärden zum Lied vorschlagen. Diese führen sie beim Singen aus.

3. Abschluss

Geben Sie an einige Schüler*innen Kleininstrumente aus, die die Zartheit der Schneeflocken unterstreichen. Setzen Sie auch körpereigene Instrumente ein. Singen und musizieren Sie gemeinsam mit den Kindern alle drei Strophen des Liedes.

Erweiterung

Musik → Erlernen Sie mit den Kindern weitere Lieder zum Thema Schnee, z. B. „Es schneit" von Rolf Zuckowski.

Tanz → Eine einfache Tanzform lässt sich sehr gut mit leichten, weißen (Chiffon-)Tüchern zum erlernten Lied umsetzen.

Kunst → Basteln Sie mit den Kindern Schneeflocken, die an das Fenster geklebt werden.

Eiskristalle: © kebay – stock.adobe.com

Schneeflöckchen, Weißröckchen

Text: Hedwig Haberkern
Melodie: volkstümlich

2. Komm, setz dich ans Fenster,
du lieblicher Stern;
malst Blumen und Blätter,
wir haben dich gern.

3. Schneeflöckchen, du deckst uns
die Blümelein zu,
dann schlafen sie sicher
in himmlischer Ruh.

© Verlag an der Ruhr | Autorin: Kerstin Tieste | ISBN 978-3-8346-4274-5 | www.verlagruhr.de
Eiskristalle: © kebay – stock.adobe.com

9. Auf der Mauer, auf der Lauer

Darum geht's

Das Lied ist ein Lückentextlied, das Kinder mit großem Spaß lernen. Es handelt sich nur um eine einzige Strophe, doch wird mit jeder Wiederholung ein weiterer Endbuchstabe weggelassen, bis nur noch eine Pause erfolgt. Der Verfasser ist unbekannt, wird aber stichhaltige Gründe gehabt haben, ein Wanzenlied zu verfassen.

Kompetenzerwartungen

Die Schüler*innen …

- lernen ein traditionelles Lückentextlied
- nehmen das Weglassen der Endbuchstaben im Lied bewusst wahr

Material

- Lied „Auf der Mauer, auf der Lauer" (S. 41)
- Bildvorlage „Wanzen" (S. 42)
- evtl. Kopiervorlage „Wanzen" (S. 43)

Das bereiten Sie vor

Machen Sie sich mit dem Lied vertraut. Kopieren Sie ggf. die Kopiervorlage für jedes Kind.

Stundenverlauf

1. Einstieg

Spielen Sie mit den Kindern ein Tier-Quiz. Die Kinder verteilen sich dazu gruppenweise in den Raumecken. Beschreiben Sie nacheinander die Tiere.
Wer den Namen des jeweiligen Tieres am schnellsten richtig nennt, darf eine Ecke weitergehen. Die übrigen Kinder bleiben an ihrem Platz. Beschreiben Sie am Schluss die Wanze. Sicher werden die Schüler*innen das Tier nicht erraten.

Beispieltexte:

- Ich habe ein braunes Fell. Mit meinen Krallen kann ich mich überall gut festhalten. Höhenangst habe ich keine. Ich kann sehr gut springen. Mein buschiger Schwanz hilft mir, das Gleichgewicht zu halten. Ich lebe in den Bäumen und fresse gerne Nüsse. *(Eichhörnchen)*
- Am liebsten fliege ich durch die Luft. Meine Flügel sind schön bunt. Aber so richtig schnell fliegen kann ich nicht. Ich tanze eher durch die Luft. Währenddessen halte ich Ausschau nach leckerem Blütennektar. *(Schmetterling)*
- Richtig hübsch bin ich nicht. Meistens befinde ich mich eher unscheinbar auf dem Boden oder krieche auf Pflanzen herum. Meine Artgenossen gibt es in vielen verschiedenen Farben. Aber alle besitzen wir einen Panzer. Wir gehören zu den Insekten. Manche von uns gehören auch zu den Parasiten, die sich in menschlichen Betten wohlfühlen. *(Wanze)*

Sehen Sie sich gemeinsam die Bilder von den Wanzen an. Geben Sie den Schüler*innen einige Informationen über Wanzen und erzählen Sie, dass die Wanzen durch vielfältige Farben und Formen optisch besonders attraktive Insekten sind.

Auf der Mauer, auf der Lauer

INFO → Wanzen sind keine Käfer. Sie bilden eine eigene Gruppe der Insekten. Bekannt sind heute rund 40 000 Arten. Man vermutet zusätzlich noch rund 20 000 unentdeckte Arten. Sie besitzen einen Saugrüssel und Duftdrüsen. Wanzen gibt es in fast jedem Lebensraum der Erde, sogar auf dem offenen Ozean. Meistens ernähren sie sich von Pflanzensaft, Pilzen oder anderen Insekten. Einige Arten saugen Blut. Wanzen werden von 1 mm bis zu 11 cm groß. Bei Gefahr verbreiten viele Wanzen einen üblen Geruch zur Abschreckung von Angreifern.

2. Liederarbeitung

Fragen Sie die Kinder, was man tut, wenn man „auf der Lauer liegt". Klären Sie ggf. den Begriff: in einem Versteck auf etwas warten.
Singen Sie den Schüler*innen das Lied vor. Schnell können die Kinder einstimmen und das Lied mitsingen.

Erklären Sie dann die Besonderheit des Liedes:
Die Wörter „Wanze" und „tanzen" verkürzen sich in jeder der sechs Strophen jeweils durch das fortschreitende Weglassen des letzten Buchstabens, bis nur noch mit geschlossenem Mund eine Pause gemacht wird.
Beispiel: *Wanze – tanzen, Wanz –tanz, Wan – tan, Wa – ta, W – t …*
Die Schüler*innen üben das Weglassen des jeweils letzten Buchstabens.
Singen Sie anschließend gemeinsam alle Strophen des Liedes.

3. Abschluss

Wanzen machen keine Geräusche, aber wenn sie Laute von sich geben würden, was würden wir hören? (Hier darf auch Lustiges präsentiert werden, z. B. wie ein Elefant tröten, wie ein Vogel zwitschern …)

Erweiterung

Musik → Dichten Sie mit den Kindern ein neues Wanzenlied über zwei verliebte Wanzen oder lassen Sie die Kinder das Lied auf passenden Instrumenten begleiten.

Tanz → Entwickeln Sie mit den Kindern einen kleinen Wanzentanz, indem das Sitzen und das Aufrichten zum Tanzen eine Rolle spielt.

Kunst → Wanzen lassen sich sehr gut zeichnen und malen. Betrachten Sie dazu Wanzenabbildungen intensiv und besprechen Sie sie. Die Kinder zeichnen einen großen Kreis oder ein Oval auf, setzen einen kleinen Kopf an und zeichnen sechs Beine und zwei Fühler ein. Den Körper gestalten sie fantasievoll und bunt mit Mustern und Farben.
Alternativ können Sie die Kopiervorlage verwenden.
Die Kinder malen eines (oder mehrere) der Insekten aus.

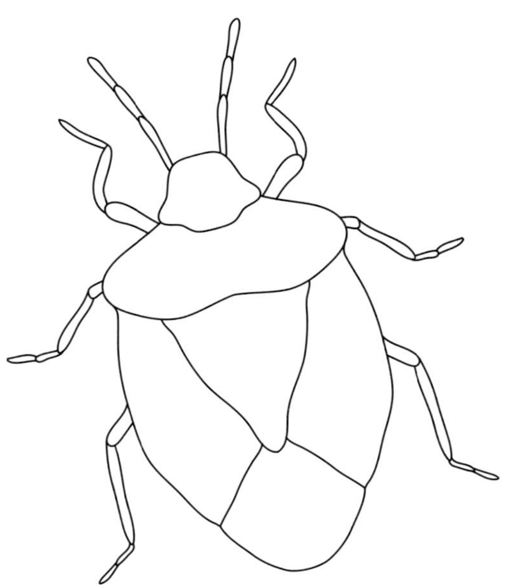

Wanze: © evgdemidova – Shutterstock.com

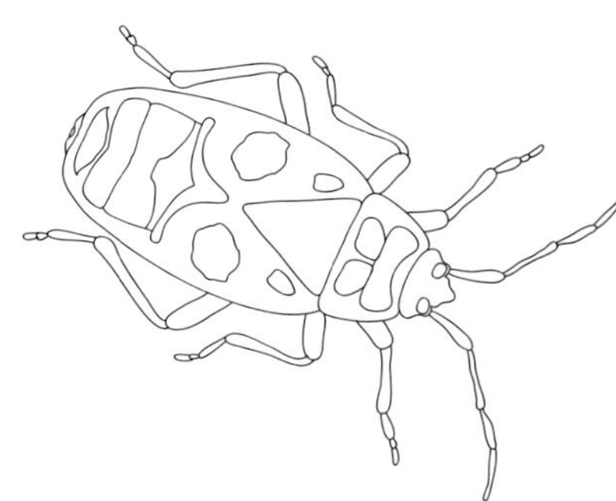

Auf der Mauer, auf der Lauer

Text und Melodie: volkstümlich

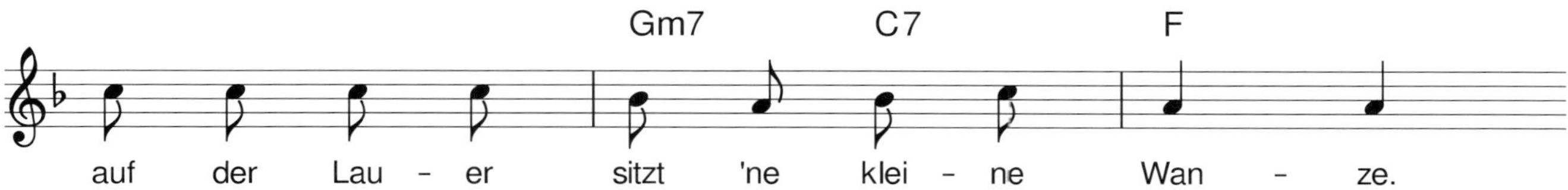

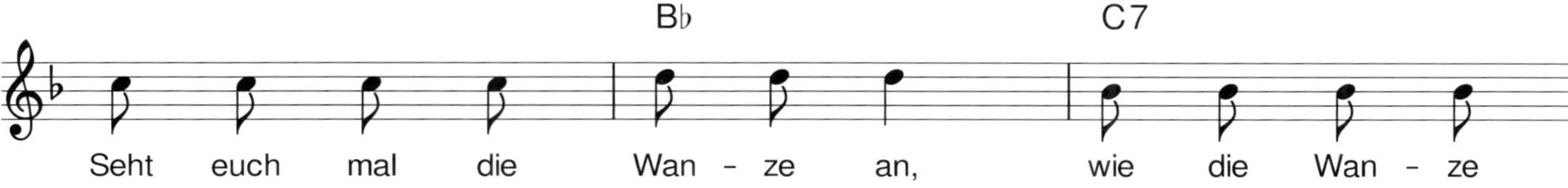

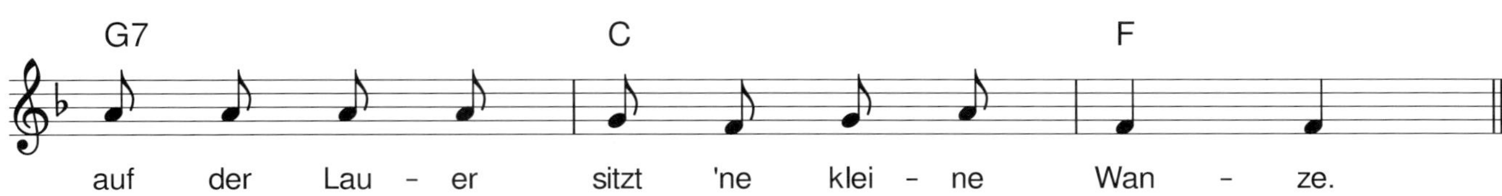

2. Auf der Mauer, auf der Lauer
sitzt 'ne kleine Wanz…

3. Auf der Mauer, auf der Lauer
sitzt 'ne kleine Wan…

4. Auf der Mauer, auf der Lauer
sitzt 'ne kleine Wa…

5. Auf der Mauer, auf der Lauer
sitzt 'ne kleine W…

6. Auf der Mauer, auf der Lauer
sitzt 'ne kleine …

Wanze: © evgdemidova – Shutterstock.com
© Verlag an der Ruhr | Autorin: Kerstin Tieste | ISBN 978-3-8346-4274-5 | www.verlagruhr.de

Wanzen

© Marco Uliana – Shutterstock.com

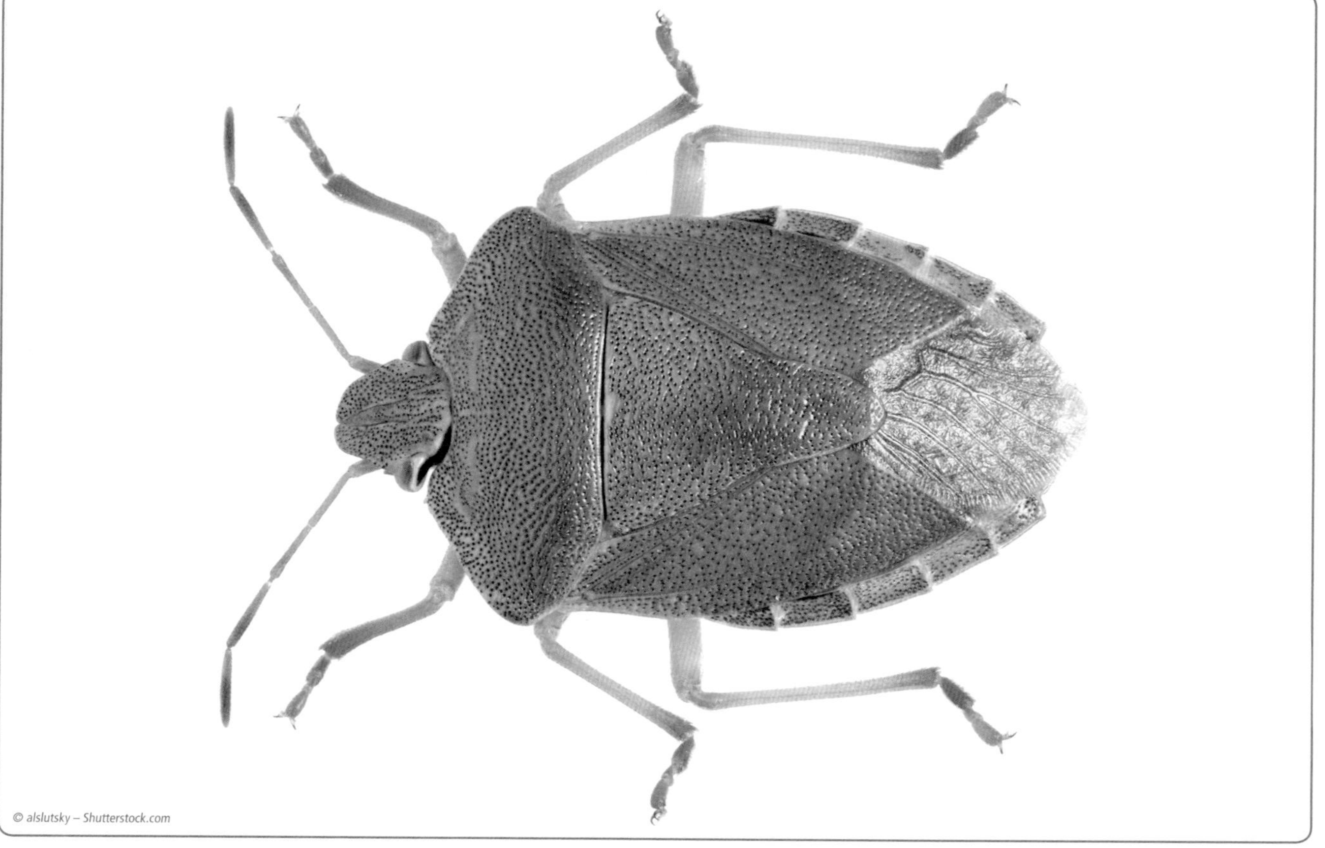

© alslutsky – Shutterstock.com

© Verlag an der Ruhr | Autorin: Kerstin Tieste | ISBN 978-3-8346-4274-5 | www.verlagruhr.de

Wanzen

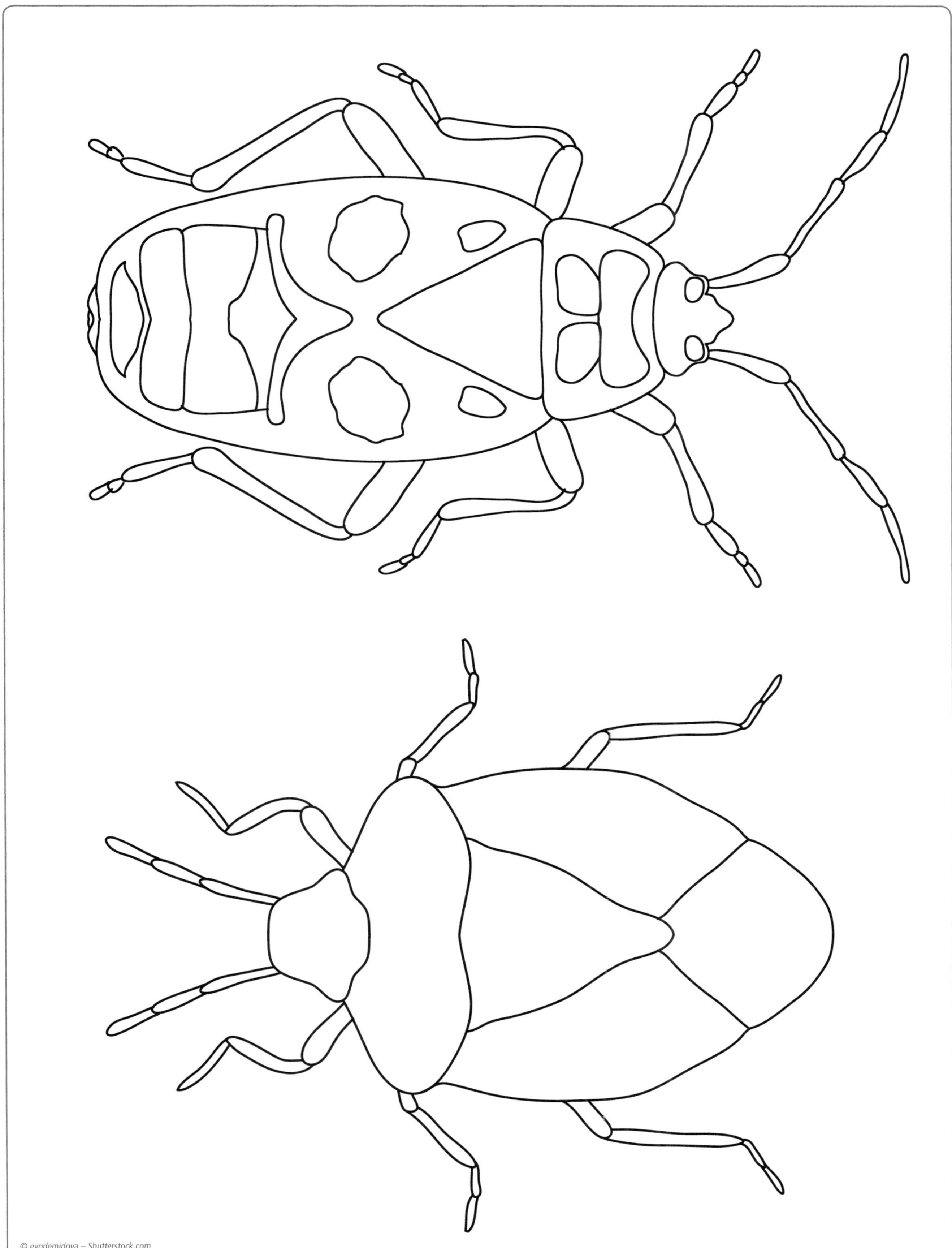

© evgdemidova – Shutterstock.com

© Verlag an der Ruhr | Autorin: Kerstin Tieste | ISBN 978-3-8346-4274-5 | www.verlagruhr.de

Darum geht's

Eine exzentrische alte Dame hat Spaß am seltsam-kreativen Gebrauch von Lifestyle-Accessoires. Das stimmungsvolle Lied ist auch heute noch mit immer neuen Varianten sehr beliebt.

Kompetenzerwartungen

Die Schüler*innen ...

- lernen ein traditionelles Stimmungslied
- erarbeiten sich neue Liedstrophen
- passen die neuen Texte an die Melodie an

Material

- Lied „Meine Oma fährt im Hühnerstall Motorrad" (S. 45)

Das bereiten Sie vor

Erlernen Sie das Lied und kopieren Sie es für jedes Kind.

Stundenverlauf

1. Einstieg

Sprechen Sie mit den Schüler*innen über ihre Omas und Opas.

- Wann und wie wird man Oma/Opa?
- Was können Omas/Opas noch besonders gut bzw. nicht mehr gut?

Fragen Sie die Schüler*innen, welche Erfindungen alten Menschen das Leben erleichtern (z. B. Rollator, Hörgerät, Handy, Lupe, Gehstock etc.)

2. Liederarbeitung

Singen Sie die erste Strophe des Liedes vor.
Die Kinder wiederholen sie gemeinsam mit Ihnen.
Sprechen Sie kurz über diese seltsame Oma.
Wie stellen sie sich die Kinder vor?

Singen Sie den Schüler*innen auch die zweite und dritte Strophe vor. Die Kinder klatschen und können schnell in die Strophe einsteigen und mitsingen.
Singen Sie die Strophen mit den Schüler*innen.

Sprechen Sie mit den Kindern darüber, dass diese seltsame Oma Dinge und Tätigkeiten sehr ungewöhnlich miteinander kombiniert. Lassen Sie die Kinder einige Beispiele für modern und unmodern finden (z. B. Schnurtelefon – Handy, Plattenspieler – MP3, Kutsche – Auto etc.). Klären Sie dafür ggf. den Begriff: modern: zeitgemäß; unmodern: veraltet.
Die Schüler*innen finden nun selbst ungewöhnliche Kombinationen für neue Strophen (z. B. „Meine Oma sitzt mit Handy in der Sauna"; „Meine Oma fährt im Supermarkt mit Segway" etc.).
Verteilen Sie die Notenblätter. Die Schüler*innen zählen die Silben, die benötigt werden, damit der Text zur Melodie passt.
Passen Sie gemeinsam mit den Schüler*innen die neuen Texte an Rhythmus und Melodie an.
Notieren Sie die Strophen an der Tafel.

3. Abschluss

Singen Sie gemeinsam mit den Kindern alle Strophen samt den neu gedichteten.
Die Schüler*innen notieren eine oder mehrere (Lieblings-)Strophen auf dem Liedblatt.
Wer verspricht, das Lied seiner Oma beim nächsten Treffen vorzusingen und mit der Oma eine neue Strophe hinzuzudichten?

Erweiterung

Sachunterricht → Erarbeiten Sie mit den Kindern die Historie einer besonderen Erfindung.

Kunst → Die Schüler*innen denken sich eine Zukunftserfindung aus und zeichnen sie oder malen die Oma mit einer ihrer seltsamen Tätigkeiten.

Meine Oma fährt im Hühnerstall Motorrad

Melodie und Text: Der Text wurde ursprünglich auf die Melodie des Stimmungsliedes „Wir versaufen unser Oma ihr klein Häuschen" von Robert Steidl (1865–1927), 1922, gesungen. Die heutige Fassung ist erstmals in einer Aufzeichnung von 1942 eindeutig belegt.

2. Meine Oma hat im hohlen Zahn ein Radio …

3. Meine Oma hat 'ne Brille mit Gardine …

4. Meine Oma ……………………………………………………

5. Meine Oma ……………………………………………………

6. Meine Oma ……………………………………………………

7. Meine Oma ……………………………………………………

8. Meine Oma ……………………………………………………

© Verlag an der Ruhr | Autorin: Kerstin Tieste | ISBN 978-3-8346-4274-5 | www.verlagruhr.de

11. Wir haben Hunger und Durst

Darum geht's

Das „Hungerlied" besitzt eine einfache und flotte Melodie, die durch ihre treibende und fordernde Kraft auf die sofortige Beendigung des unliebsamen Zustands drängt: Etwas zwischen die Zähne muss her, sofort. Das Lied ist in verschiedenen Versionen mündlich überliefert, der*die Verfasser*in unbekannt und vermutlich noch immer hungrig.

Kompetenzerwartungen

Die Schüler*innen ...

- setzen ein Lied mit Gebärden um

Material

- Lied „Wir haben Hunger" (S. 47)

Das bereiten Sie vor

Machen Sie sich mit dem Lied und den dazugehörigen Bewegungen vertraut.

Stundenverlauf

1. Einstieg

Fragen Sie die Schüler*innen, welches ihre Lieblingsgerichte sind.
Nennen Sie den Kindern das Thema des neuen Liedes.
Lassen Sie die Kinder von Situationen berichten, in denen sie besonders viel Hunger hatten.
Kennen sie bei sich das Magenknurren? Wie hört es sich an?

INFO → Das Magenknurren ist oft deutlich zu hören, weil ein leerer Magen sich muskulär zusammenzieht und durch den Magenausgang Luft in den Darm gepresst wird. Auch dort können diese brummelnden Geräusche entstehen.

2. Liederarbeitung

Singen Sie nun die erste Strophe des Liedes vor. Die Kinder wiederholen das Lied – ggf. mehrmals – in Abschnitten.

Nehmen Sie nach und nach die folgenden Bewegungen hinzu:

- **1. Strophe:** Die Kinder klopfen abwechselnd mit der linken und rechten Faust rhythmisch auf die Oberschenkel, ein kräftiger Abschlussklopfer mit beiden Fäusten gleichzeitig bei „Durst" beendet die Strophe.
- **2. Strophe:** Die Kinder patschen wechselweise mit flachen Händen an die Außenseiten der Oberschenkel, ein beidhändig-kräftiger Abschlusspatscher bei „Wurst" beschließt die Strophe.
- **3. Strophe:** Die Kinder klatschen rhythmisch in die Hände, bei „Wurst" stampfen sie mit dem Fuß auf den Boden.
- **4. Strophe:** Die Kinder fassen wechselweise mit beiden Händen in die Luft, greifen und fangen Fliegen, bei dem Wort „Wand" klatschen sie in die Hände.

3. Abschluss

Die Kinder reiben sich den Bauch und rufen: „Mmh! Lecker!".
Fragen Sie die Kinder, ob sie eine Geschichte kennen, die davon handelt, dass jemand zu viel gegessen hat (z. B. „Die kleine Raupe Nimmersatt" von Eric Carle; „Der süße Brei" von den Brüdern Grimm). Lassen Sie ein Kind die Geschichte in Kurzform nacherzählen.

Erweiterung

Kunst → Die Kinder zeichnen die kleine Raupe Nimmersatt beim Hindurchfressen durch die vielen Lebensmittel.

Wir haben Hunger

Text und Melodie: volkstümlich

2. Wo bleibt der Käse, Käse, Käse,
bleibt der Käse, Käse, Käse,
bleibt der Käse, Käse, Käse,
bleibt die Wurst?

3. Wo bleibt das Essen, Essen, Essen,
bleibt das Essen, Essen, Essen,
bleibt das Essen, Essen, Essen,
bleibt die Wurst?

4. Wenn wir nichts kriegen, kriegen, kriegen,
fangen wir Fliegen, Fliegen, Fliegen,
fangen wir Fliegen, Fliegen, Fliegen
von der Wand.

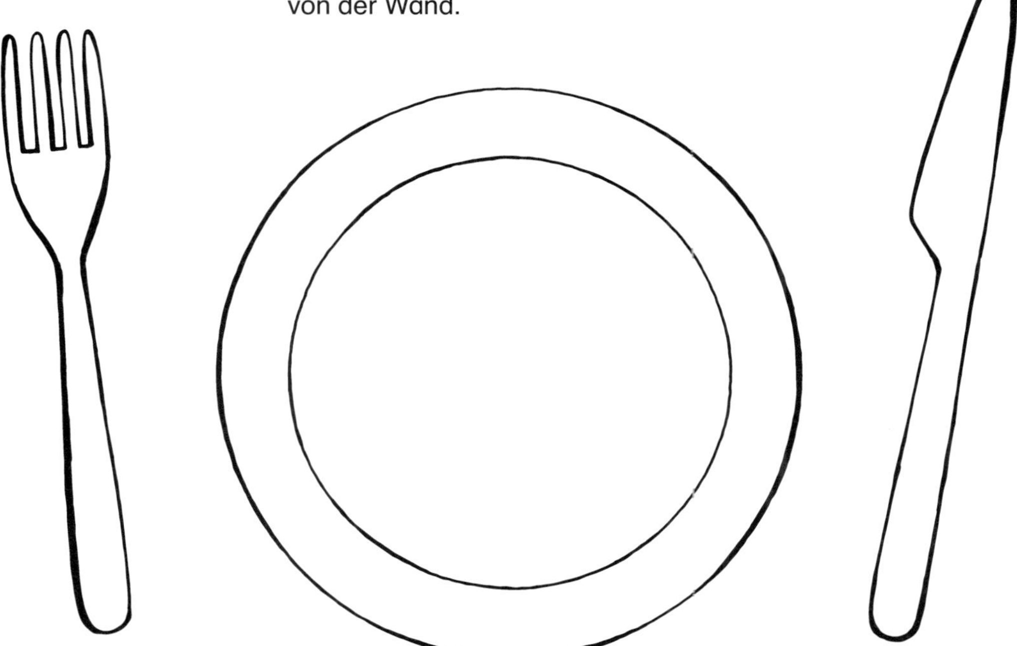

Abb.: © Anja Boretzki
© Verlag an der Ruhr | Autorin: Kerstin Tieste | ISBN 978-3-8346-4274-5 | www.verlagruhr.de

12. Dornröschen war ein schönes Kind

Darum geht's

Ein junges Mädchen wird durch Zauberkraft in einen immerwährenden Schlaf versetzt und nach 100 Jahren gerettet. Pjotr Iljitsch Tschaikowski komponierte über Dornröschen ein weltberühmtes Ballett und Engelbert Humperdinck eine Oper.

Kompetenzerwartungen

Die Schüler*innen ...

- lernen ein traditionelles Singspiellied
- erarbeiten sich die Melodie unter Verwendung von Bewegungen
- verbinden Text mit Bewegung und Gesang

Material

- Lied „Dornröschen war ein schönes Kind" (S. 50)
- Kopiervorlage „Strophen" (S. 51)
- Chiffontuch
- ggf. Verkleidungen für Prinzessin, Prinz, Fee
- evtl. Kopiervorlage „Dornröschen" (S. 52)

Das bereiten Sie vor

Machen Sie sich mit dem Lied und den dazugehörigen Darstellungen vertraut. Kopieren Sie die Strophen und schneiden Sie sie auseinander. Kopieren Sie ggf. die Kopiervorlage mit Dornröschen für jedes Kind.

Stundenverlauf

1. Einstieg

Stellen Sie den Kindern ein Märchenrätsel. Nennen Sie dazu nach und nach die Stichworte, bis die Kinder das Rätsel lösen: Prinzessin, böse Fee, Spindel, stechen, schlafen, Dornenhecke, Rosen, Königssohn, aufwachen. Lassen Sie die Kinder das Märchen erzählen oder übernehmen Sie dies:

„Ein König und eine Königin wünschten sich nichts sehnlicher als ein Kind. Als nach langem Warten ihr Wunsch endlich erfüllt wurde, gaben sie ein großes Fest. Zwölf Feen beschenkten das Kind mit guten Gaben, wie Freundlichkeit und Klugheit. Die 13. Fee wurde nicht eingeladen, weil der König nicht so viele Teller hatte. Doch sie erschien plötzlich auf dem Fest und rief: ‚Die Prinzessin wird sich an ihrem 15. Geburtstag an einer Spindel stechen und tot umfallen.' Alle waren sehr erschrocken.
Die zwölfte Fee aber, die ihren Wunsch noch nicht geäußert hatte, sprach: „Die Prinzessin soll nicht sterben, sondern nur 100 Jahre lang schlafen.' Alles geschah genau so. Am ihrem 15. Geburtstag stach sich die Prinzessin mit einer Spindel in den Finger. Sie fiel in einen tiefen Schlaf und mit ihr alle Bewohner des Schlosses. Erst nach 100 Jahren gelang es einem Prinzen, die dichte Dornenhecke, die um das Schloss gewachsen war, zu durchdringen. Er fand die schlafende Prinzessin und verliebte sich sofort in sie. Als er sie küsste, erwachte sie und mit ihr alle Bewohner des Schlosses. Bald darauf feierten sie Hochzeit und lebten glücklich bis an ihr Ende."

Klären Sie ggf. unbekannte Wörter, wie z. B. Spindel.

Abb.: © Eva Spanjardt

Dornröschen war ein schönes Kind

INFO → Eine Spindel diente früher zur Herstellung von Fäden aus Wolle oder Pflanzen. Die im Märchen genannte Spindel stammt nicht von einem Spinnrad. Es handelt sich um eine Handspindel.
Flachsfasern befestigt man an einem kurzen Stab, der an einem Ende breit und rund und am anderen Ende zugespitzt ist. Man dreht diese Spindel mit der Hand, wodurch die Fasern zu einem Faden verzwirnt werden (nach Seymour, John: Vergessene Haushaltstechniken, Urania Verlag, 1900).

2. Liederarbeitung

Singen Sie die erste Strophe des Liedes vor. Die Kinder singen nach und klatschen dabei im Rhythmus mit. Bei einem weiteren Durchgang begleiten sie ihr Singen mit Hüpfen, beim dritten Mal versuchen sie alles gemeinsam: Klatschen, Hüpfen und Singen.

3. Singspiel

Bilden Sie einen Sitzkreis. Lassen Sie drei Kinder folgende Rollen wählen: Dornröschen, böse Fee, Prinz. Das Kind, das Dornröschen spielt, setzt sich in die Mitte des Kreises.
Erarbeiten Sie mit den Kindern nach und nach die einzelnen Strophen, indem Sie die Strophe jeweils vorsingen, in Anschluss gemeinsam wiederholen und beim dritten Durchgang mit den Aktionen begleiten. So prägen sich Text und Melodie leicht ein. Nehmen Sie als Hilfe die Textzeilen der einzelnen Strophen hinzu.

Die Kinder führen zu den Strophen folgende Aktionen und Gesten aus:

- **1. Strophe:** Die Kinder stehen im Kreis und klatschen.
- **2. Strophe:** Die Schüler*innen fassen sich an den Händen und gehen im Kreis.
- **3. Strophe:** Die böse Fee geht in die Kreismitte und breitet die Arme über Dornröschen aus, die sich daraufhin auf den Boden legt. Die Fee legt sanft ein Chiffontuch auf Dornröschens Haar.
- **4. Strophe:** Die Fee umschreitet das schlafende Dornröschen und kehrt anschließend in den Kreis zurück.
- **5. Strophe:** Die Schüler*innen gehen zur Kreismitte, bilden die Rosenhecke mit erhobenen Händen und gespreizten Fingern.
- **6. Strophe:** Der Königssohn kann durch die Hecke hindurchgehen, weil alle Kinder langsam zurücktreten und die Arme senken.
- **7. Strophe:** Die Kinder klatschen fröhlich im Liedrhythmus. Der Königssohn nimmt das Chiffontuch von Dornröschens Haar und reicht ihr die Hand zum Aufstehen.
- **8. Strophe:** Dornröschen und der Königssohn fassen sich an den Händen und gehen innen am Kreis der Schüler*innen entlang, die dabei klatschen und singen.
- **9. Strophe:** Dornröschen und der Königssohn kehren in den Außenkreis zurück und alle hüpfen, klatschen und singen zur letzten Strophe.
- **10. Strophe:** Alle Kinder im Kreis hüpfen und klatschen.

TIPP → Mit Verkleidung ist es für die Schüler*innen umso interessanter.

4. Abschluss

Führen Sie das Singspiel komplett auf. Tauschen Sie ggf. dafür die Rollen.

Erweiterung

Musik → Lesen Sie das Märchen vor. Die Kinder begleiten wichtige Stellen mit passenden Instrumenten. Sie können auch die Oper „Dornröschen" von Engelbert Humperdinck gemeinsam mit den Kindern z. B. im Internet ansehen und -hören.

Literatur → Lesen Sie das Märchen aus einem Bilderbuch vor und beamen Sie dazu die Bilder an die Wand.

Dornröschen war ein schönes Kind

Text und Melodie: nach Margarete Läffler
(Ende des 19. Jahrhunderts)

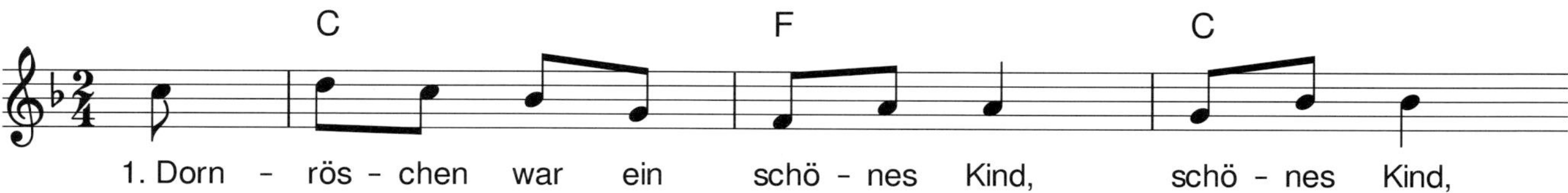

2. Dornröschen, nimm dich ja in Acht,
ja in Acht, ja in Acht,
Dornröschen, nimm dich ja in Acht.
ja in Acht.

3. Da kam die böse Fee herein, …
und rief ihr zu:

4. „Dornröschen, schlafe 100 Jahr', …
und alle mit."

5. Und eine Hecke riesengroß, …
umgab das Schloss.

6. Da kam ein junger Königssohn, …
und sprach zu ihr:

7. „Dornröschen, holdes Mägdelein, …
nun wache auf."

8. Dornröschen wachte wieder auf, …
Dornröschen macht der Königssohn
zur Königin.

9. Sie feierten ein großes Fest, …
das Hochzeitsfest.

10. Und alle freuten herzlich sich, …
es freute sich auch herzlich mit
das ganze Land.

© Verlag an der Ruhr | Autorin: Kerstin Tieste | ISBN 978-3-8346-4274-5 | www.verlagruhr.de
Abb.: © Dorothee Wolters

Strophen

1 Dornröschen war ein schönes Kind.	**2** Dornröschen, nimm dich ja in Acht.
3 Da kam die böse Fee herein … und rief ihr zu:	**4** „Dornröschen, schlafe 100 Jahr’, … und alle mit.“
5 Und eine Hecke riesengroß, … umgab das Schloss.	**6** Da kam ein junger Königssohn, … und sprach zu ihr:
7 „Dornröschen, holdes Mägdelein, … nun wache auf.“	**8** Dornröschen wachte wieder auf, … Dornröschen macht der Königssohn zur Königin.
9 Sie feierten ein großes Fest, … das Hochzeitsfest.	**10** Und alle freuten herzlich sich, … es freute sich auch herzlich mit das ganze Land.

© Verlag an der Ruhr | Autorin: Kerstin Tieste | ISBN 978-3-8346-4274-5 | www.verlagruhr.de

Dornröschen

© Verlag an der Ruhr | Autorin: Kerstin Tieste | ISBN 978-3-8346-4274-5 | www.verlagruhr.de
Abb.: © Dorothee Wolters

13. Eine Seefahrt, die ist lustig

Darum geht's

Dieses fröhliche Lied handelt von einer Seefahrt ganz ohne „Seemannsgarn" und ist von einem unbekannten Verfasser. Die Melodie ist fröhlich und leicht zu merken. Viele Seeleute haben diverse Strophen hinzugedichtet und das Lied bis zu 14 Strophen erweitert.

Kompetenzerwartungen

Die Schüler*innen …

- lernen ein Scherzlied
- erarbeiten sich Geräusche des Meeres und des Windes akustisch
- dichten neue Strophen zur Melodie

Material

- Lied „Eine Seefahrt, die ist lustig" (S. 54)

Das bereiten Sie vor

Machen Sie sich mit dem Lied vertraut.

Stundenverlauf

1. Einstieg

Fragen Sie die Schüler*innen, wer schon einmal auf einem Schiff gefahren ist. Lassen Sie die Kinder von ihren Erlebnissen berichten.

- Konnte man Meerestiere beobachten?
- Wie groß war das Schiff?
- Gab es Wind?
- Waren die Wellen hoch?
- Hat das Schiff geschaukelt?

Berichten Sie, dass man den Wind in verschiedene Stufen einteilen kann.

- Windstille mit spiegelglatter See
- leichter Wind, der sanft die Wellen bewegt
- starker Wind mit hohen Wellen

Die Schüler*innen stellen mit ihrem Atem Wind dar. Besprechen Sie den Einsatz und die Formung des Mundes. Lassen Sie die Kinder experimentieren.

Wählen Sie zur Anschauung Schüler*innen aus, denen das besonders gut gelingt.

Lassen Sie die Kinder zur Aufwärmung der Stimme gleichzeitig mit den Windgeräuschen einen stimmlichen Ton erzeugen. Leiten Sie die Kinder dabei mit Handzeichen an, verschiedene Windstärken darzustellen.

2. Liederarbeitung

Erzählen Sie den Schüler*innen, dass sie nun ein Lied über eine Seefahrt kennenlernen. Singen Sie den Schüler*innen die erste Strophe vor.

Sprechen Sie den Text der ersten Strophe noch einmal vor, die Kinder sprechen nach. Stimmen Sie gemeinsam in den Refrain ein und fordern Sie die Kinder zum Mitklatschen auf. Singen Sie anschließend gemeinsam die komplette Strophe.

Stellen Sie den Schüler*innen die zweite Strophe vor, indem Sie sie vorsingen. Sprechen Sie noch einmal den Text vor, bevor Sie die zweite Strophe gemeinsam mit den Kindern singen.

Fragen Sie die Kinder, welche Personen neben dem*der Kapitän*in auf einem Schiff arbeiten: Matros*in, Funker*in, Koch/Köchin, Maschinist*in, Heizer*in … Teilen Sie die Klasse in drei bis vier Gruppen ein. Jede Gruppe wählt eine Person aus, über die sie eine weitere Strophe dichtet. Unterstützen Sie die Kinder ggf. beim Texten.

Sind die Strophen fertig, singen die Gruppen sie nacheinander vor. Beim Refrain stimmt die ganze Klasse mit ein.

3. Abschluss

Singen Sie das Lied gemeinsam mit den Kindern durch. Bei den jeweiligen selbst gedichteten Strophen fungieren die Gruppen als Vorsänger*innen.

Erweiterung

Musik → Singen Sie mit den Kindern die dritte und vierte Strophe des Liedes.

Eine Seefahrt, die ist lustig

Text und Melodie: volkstümlich

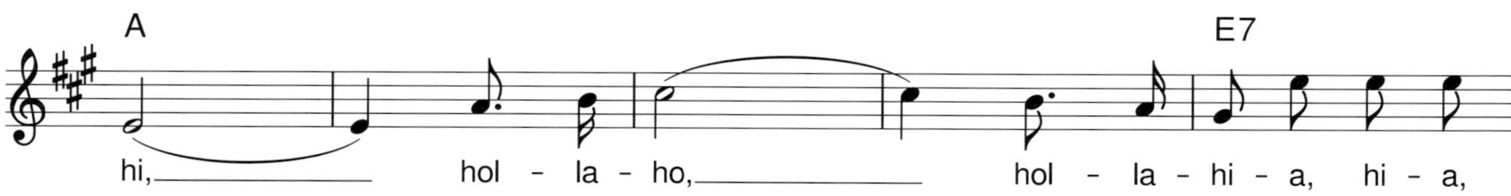

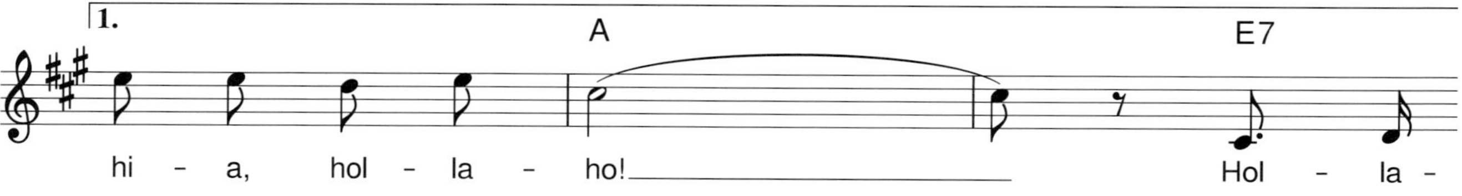

2. Unser Käptn ist stets nüchtern
und er mag auch keinen Rum,
bei den Frauen ist er schüchtern,
na, das ist doch wirklich dumm.

3. Und die Möwen, froh und heiter,
kleckern öfter was aufs Deck,
doch der Moses nimmt den Schrubber
und fegt alles wieder weg.

4. Kommt das Schiff mal in den Hafen,
geht die Mannschaft schnell an Land,
keiner will an Bord mehr schlafen,
na, das ist doch wohlbekannt.

© Verlag an der Ruhr | Autorin: Kerstin Tieste | ISBN 978-3-8346-4274-5 | www.verlagruhr.de

Der Kuckuck und der Esel

Darum geht's

Das Lied handelt von einem Sängerwettstreit, einem tierischen Songcontest, zwischen einem Esel und einem Kuckuck, die beide gesanglich nicht begabt sind. Leider ist der Kuckuck mit seinem markanten Ruf in Deutschland selten geworden, aber der Wettstreit ist im Volkslied verewigt worden.

Kompetenzerwartungen

Die Schüler*innen ...

- lernen ein traditionelles Volkslied
- üben die Ruf-Terz und setzen sie gesanglich ein
- singen einen Wechselgesang in der Großgruppe
- verbinden den Liedtext mit Bewegung und Gesang

Material

- Lied „Der Kuckuck und der Esel" (S. 57)
- Bildvorlage „Kuckuck" (S. 58)
- Bildvorlage „Esel" (S. 59)
- evtl. Kreppband

Das bereiten Sie vor

Machen Sie sich mit dem Lied vertraut.
Kopieren Sie ggf. die beiden Bildvorlagen.

Stundenverlauf

1. Einstieg

Üben Sie mit der Klasse „Zuruf und Antwort", indem Sie die typische Ruf-Terz verwenden, wie z. B.: *„Hallo!"* – Antwort: *„Hallo!"*
Setzen Sie die Terzen auch in höhere Lagen und begleiten Sie diese mit einer passenden Gestik, indem Sie z. B. die flache Hand höher halten: Zuruf: *„Hallo! Hallo! Hallo!"* – Antwort: *„Hallo! Hallo! Hallo!"*
Testen Sie einige zweisilbige Kindernamen, z. B. *„Noah! Noah! Noah!"* Antwort als Echo: *„Noah! Noah! Noah!"*
Fragen Sie die Kinder, ob sie einen Kuckuck kennen und wissen, wie sein Ruf klingt. Falls die Schüler*innen den Ruf nicht kennen, führen Sie den Ruf vor und gestalten damit wie zuvor Zuruf und Antwort in Terzen.
Zeigen Sie das Bild mit dem Kuckuck und berichten Sie kurz, dass der Vogel leider sehr selten geworden ist. Gründe sind, dass es nicht mehr genügend Insekten als Futter gibt und es in Deutschland für ihn zu warm wird.

Fragen Sie die Kinder weiter, ob sie schon einmal den Schrei eines Esels gehört haben. Zeigen Sie das Bild mit dem Esel und präsentieren Sie den lautmalerischen Eselschrei, falls kein Kind es vorführen kann. Atmen Sie dafür mit „Iiiii" aus und mit „Ahhhh" stimmlich laut ein. Übertreiben Sie ruhig etwas, damit der „Esel-Sound" zum Vergnügen der Kinder auch wirklich wie ein Schrei erklingt, aber strapazieren Sie nicht zu sehr Ihre Stimme.

2. Liederarbeitung

Stellen Sie den Kindern nun die Geschichte vom Kuckuck und dem Esel vor, indem Sie die erste Strophe vorsingen. Erarbeiten Sie Melodie, Text und Aktionen dieses Liedes mit den Schüler*innen gleichzeitig.

INFO → Die Terzen zu Beginn des Liedes verlocken zum abgehackten Singen. Um das zu vermeiden, kann man leise beginnen und lauter werdend (Crescendo) zum ersten Schlag des nächsten Taktes hinüberziehen.

Der Kuckuck und der Esel

Bilden Sie einen Stehkreis. Teilen Sie den Stehkreis in zwei sich gegenüberstehende Gruppen (A und B). Wählen Sie zwei Kinder aus, die den Part des Esels und den Part des Kuckucks jeweils als Solostimme im Innenkreis singen können. Heften Sie ggf. die Bilder von Kuckuck und Esel an ihrer Kleidung mit Kreppband fest, sodass klar wird, wer welche Rolle innehat.

Singen Sie gemeinsam das Lied nach dem rechts stehenden Schema.

3. Abschluss

Der Stehkreis löst sich nach der letzten Strophe auf und alle gehen im Raum langsam durcheinander. Die Schüler*innen singen dabei alle gleichzeitig mit der Ruf-Terz bunt durcheinander *„Kuckuck! I-a! Kuckuck! I-a!"*, bis sie auf Ihr Zeichen in den Stehkreis zurückkehren und die letzte Strophe noch einmal gemeinsam singen.

Erweiterung

Musik → Erarbeiten Sie die Terzen mit Boomwhackern und setzen Sie sie als Vorspiel ein.

Biologie → Die Schüler*innen können das besondere Brutverhalten des Kuckucks kennenlernen oder ein Gespräch darüber führen, was noch mehr zum Schutz von Vögeln getan werden kann.

Strophe 1

Gruppe A: Der Kuckuck und der Esel,
die hatten einen Streit,

Gruppe B: wer wohl am besten sänge,
wer wohl am besten sänge

Gruppe A + B: zur schönen Maienzeit,
zur schönen Maienzeit.

Strophe 2

Gruppe A: Der Kuckuck sprach:

Solo-Kuckuck: „Das kann ich!"

Gruppe A: und fing gleich an, zu schrein.

Solo Esel: „Ich aber kann es besser,
ich aber kann es besser",

Gruppe B: fiel gleich der Esel ein,
fiel gleich der Esel ein.

Strophe 3

Gruppe A: Das klang so schön und lieblich,
so schön von fern und nah,

Gruppe B: sie sangen alle beide,
sie sangen alle beide:

Solo-Kuckuck + Solo-Esel:
„Kuckuck, Kuckuck, i-a,
Kuckuck, Kuckuck, i-a!"

Abb.: © Miroslava Hlavacoca – stock.adobe.com

Der Kuckuck und der Esel

Text: Heinrich Hoffmann von Fallersleben (1798-1874)
Melodie: Carl Friedrich Zelter (1758-1832)

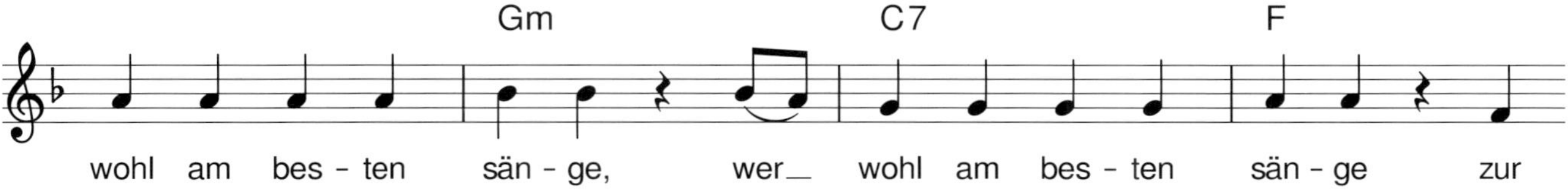

2. Der Kuckuck sprach: „Das kann ich!“
und fing gleich an, zu schrein.
„Ich aber kann es besser,
ich aber kann es besser“,
fiel gleich der Esel ein,
fiel gleich der Esel ein.

3. Das klang so schön und lieblich,
so schön von fern und nah,
sie sangen alle beide,
sie sangen alle beide:
„Kuckuck, Kuckuck, i-a,
Kuckuck, Kuckuck, i-a!“

Abb.: © Bettina Weyland
© Verlag an der Ruhr | Autorin: Kerstin Tieste | ISBN 978-3-8346-4274-5 | www.verlagruhr.de

Kuckuck

© Verlag an der Ruhr | Autorin: Kerstin Tieste | ISBN 978-3-8346-4274-5 | www.verlagruhr.de
Abb.: © anoochai – stock.adobe.com

Esel

Abb.: © Rosa Jay – Shutterstock.com
© Verlag an der Ruhr | Autorin: Kerstin Tieste | ISBN 978-3-8346-4274-5 | www.verlagruhr.de

15. Es klappert die Mühle

Darum geht's

Das Lied gibt praktische Sachinformationen: Wie war früher die Arbeit eines Müllers in einer Wassermühle? Das lautmalerische „klipp klapp" stammt übrigens nicht vom Mühlrad, sondern vom Rütteln beim Mahlvorgang.

Kompetenzerwartungen

Die Schüler*innen ...

- lernen ein traditionelles Volkslied
- begleiten das Lied mit Körperinstrumenten

Material

- Lied „Es klappert die Mühle" (S. 62)
- Bildvorlage „Mühle" (S. 63)
- Bildvorlage „Mahlwerk" (S. 64)
- evtl. Kopiervorlage „Mühle" (S. 65)

Das bereiten Sie vor

Kopieren Sie ggf. die Kopiervorlage für jedes Kind.

Stundenverlauf

1. Einstieg

Bilden Sie einen Sitzkreis. Teilen Sie die Klasse in zwei Klatsch-Gruppen: Die Klipp- und die Klapp-Gruppe.

Üben Sie das abwechselnde Klatschen im Rhythmus:
klipp – klapp – klipp – klapp.
Ändern Sie den Rhythmus:
klipp – klapp – Pause – Pause.
Übernehmen Sie anschließend den Rhythmus des Liedes und üben Sie entsprechend:
klipp – klapp – Pause.

Zeigen Sie den Kindern das Bild mit der Mühle und lassen Sie sich frei dazu äußern.
Erzählen Sie den Schüler*innen, dass sie ein Lied kennenlernen werden, in dem es um eine Mühle geht.

2. Liederarbeitung

Singen Sie den Kindern die erste Strophe des Liedes vor. Die Schüler*innen äußern sich frei dazu.

Sprechen Sie über den Inhalt der Strophe, indem Sie z. B. fragen:

- Wozu werden Mühlen gebraucht?
- Mit welcher Naturkraft arbeitet die Mühle im Lied?
- Warum dreht sich das Mühlrad? *(Das Wasser drückt gegen die Radschaufeln.)*
- Andere Mühlen arbeiten mit einer anderen Naturkraft. Mit welcher? *(Wind)*
- Woher stammt das Klapper-Geräusch? *(Aus dem Räderwerk der Mühlentechnik)*
- Warum bekommt der Müller so wenig Schlaf? *(Er muss Geld verdienen.)*

Es klappert die Mühle

Zeigen Sie den Kindern die Grafik mit dem Mahlwerk und erklären Sie grob die Funktionsweise: Durch den Wasserantrieb wird der Mühlstein bewegt, der die Körner zu Mehl zerreibt.

Singen Sie nun die erste Zeile des Liedes noch einmal vor. Die Klatschgruppen begleiten, wie vorher geübt: klipp klapp. Wiederholen Sie dies so lange, bis die Kinder die Strophe gut singen und mit Klatschen begleiten können.

Singen Sie die zweite Strophe des Liedes vor. Die Kinder begleiten an den bekannten Stellen singend und klatschend: klipp klapp.

Wiederholen Sie den Text langsam, sodass die Kinder ihn sich gut einprägen können. Singen Sie anschließend gemeinsam die zweite Strophe, begleitet mit dem eingeschobenen Klatschen.
Verfahren Sie ebenso mit der dritten Strophe.

Als zusätzliche Begleitung können die Kinder im Rhythmus auf die Oberschenkel patschen, bei „klipp klapp" wird – wie bereits geübt – geklatscht.

3. Abschluss

Singen Sie gemeinsam alle drei Strophen inkl. Patschen und Klatschen.
Alternativ können die Kinder noch die Mühle ausmalen.

Erweiterung

Spiel → Es wird ein*e Müller*in bestimmt, der*die mit dem Rücken zur Gruppe in einiger Entfernung steht. Die Gruppe ruft: „Müller*in, Müller*in, wie schnell mahlt die Mühle?" Der*die Müller*in antwortet „schnell" oder „langsam". Entsprechend bewegen sich die Kinder auf ihn*sie zu.
Im Verlauf des Spiels darf sich der*die Müller*in manchmal spontan rasch umdrehen. In dem Moment darf sich niemand mehr bewegen. Wer sich bewegt, muss ganz zurück und kann von dort aus wieder mitmachen. Gewonnen hat, wer zuerst bei dem*der Müller*in ankommt.

Sachunterricht → Die Schüler*innen lernen die unterschiedlichen Mühlenantriebe und Mühlentechniken kennen.

Abb.: © Dorothee Wolters

Es klappert die Mühle

Text: Ernst Anschütz (1780–1861)
Melodie: aus dem 16. Jahrhundert

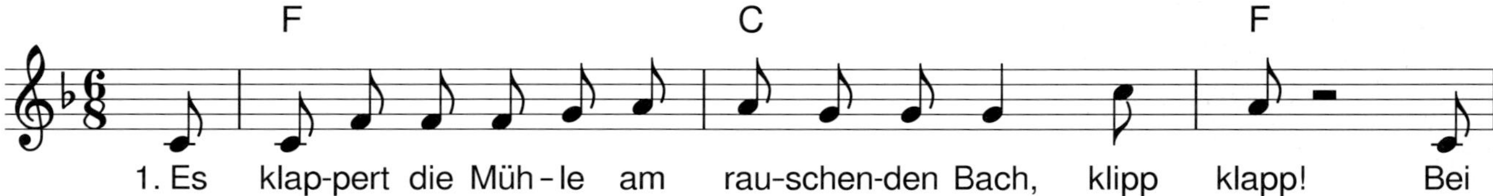

2. Flink laufen die Räder und drehen den Stein: klipp klapp!
Und mahlen den Weizen zu Mehl uns so fein, klipp klapp!
Der Bäcker dann Zwieback und Kuchen draus bäckt,
der immer den Kindern besonders gut schmeckt.
Klipp klapp, klipp klapp, klipp klapp!

3. Wenn reichliche Körner das Ackerfeld trägt, klipp klapp!
Die Mühle dann flink ihre Räder bewegt, klipp klapp!
Und schenkt uns der Himmel nur immerdar Brot,
so sind wir geborgen und leiden nicht Not.
Klipp klapp, klipp klapp, klipp klapp!

© Verlag an der Ruhr | Autorin: Kerstin Tieste | ISBN 978-3-8346-4274-5 | www.verlagruhr.de

Mühle

Abb.: © Horst Bingemer – Shutterstock.com
© Verlag an der Ruhr | Autorin: Kerstin Tieste | ISBN 978-3-8346-4274-5 | www.verlagruhr.de

Mahlwerk

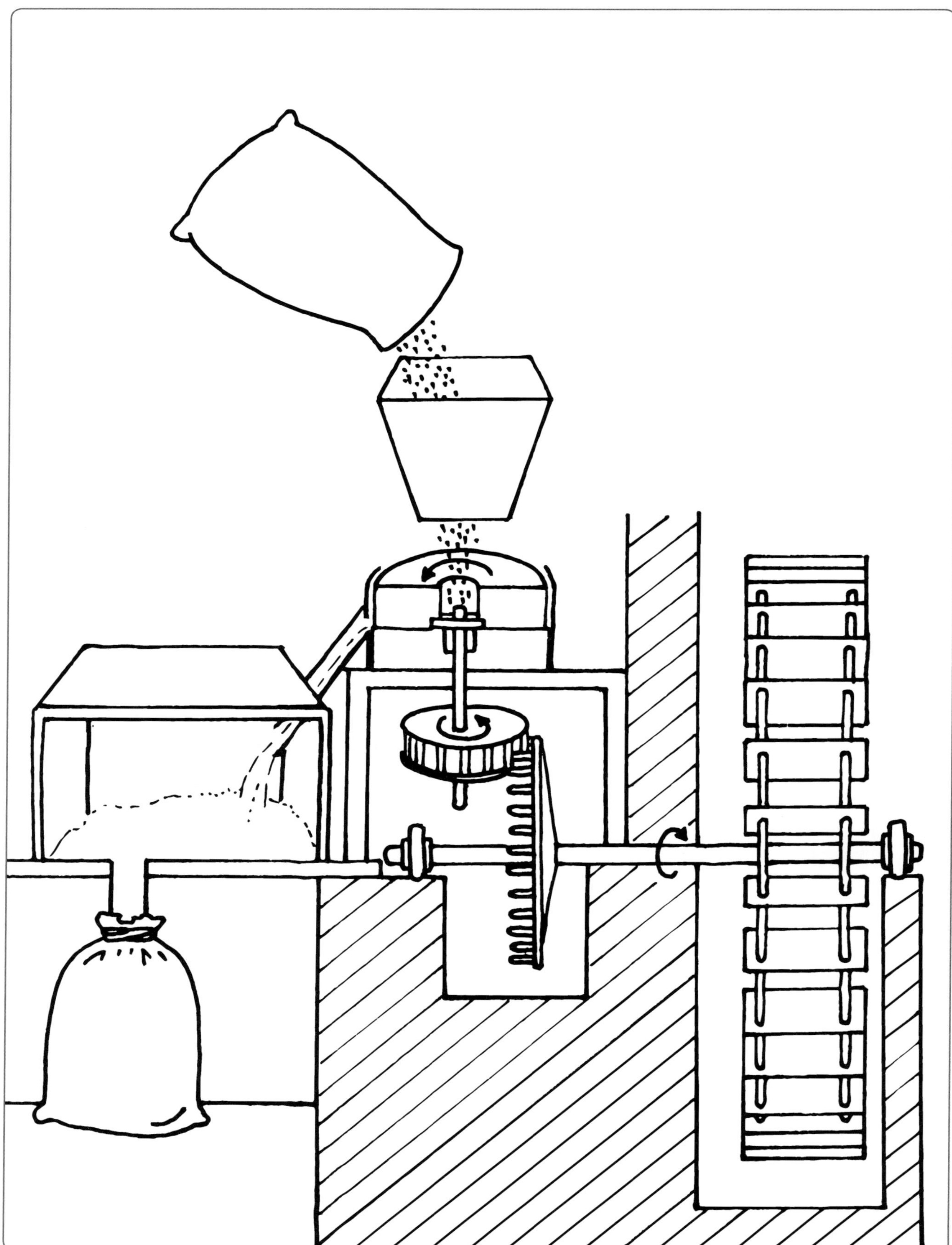

© Verlag an der Ruhr | Autorin: Kerstin Tieste | ISBN 978-3-8346-4274-5 | www.verlagruhr.de
Abb.: © Astrid Wilkesmann

Mühle

Abb.: © Dorothee Wolters
© Verlag an der Ruhr | Autorin: Kerstin Tieste | ISBN 978-3-8346-4274-5 | www.verlagruhr.de

16. Ich geh mit meiner Laterne

Darum geht's

Das aus Norddeutschland stammende Laternenlied wird im Herbst bei Laternenumzügen gesungen. Das Lied ist zumeist allen Kindern aus der Kindergartenzeit bekannt.

Kompetenzerwartungen

Die Schüler*innen ...

- singen ein traditionelles Laternenlied
- üben ein gestaltendes Spiel ein
- setzen das gestaltende Spiel zum Lied ein

Material

- Lied „Ich geh mit meiner Laterne" (S. 67)

Das bereiten Sie vor

Machen Sie sich mit dem Ablauf des gestaltenden Spiels zum Lied vertraut.

Stundenverlauf

1. Einstieg

Fragen Sie die Kinder nach bekannten Laternenliedern. Singen Sie gemeinsam das Lied „Ich geh mit meiner Laterne". Erlernen Sie ggf. die drei Strophen, falls einige Kinder das Lied nicht kennen sollten. Durch die wenigen Textänderungen sind die Strophen schnell geübt.

2. Gestaltendes Spiel

Bilden Sie 3er-Gruppen. Die Gruppen stellen sich verteilt im Raum auf. Jeweils zwei Kinder sind die Laterne, ein Kind ist das Licht. Die Laterne wird durch einfaches Händegeben von zwei sich gegenüberstehenden Kindern gebildet, das Licht steht jeweils in der Mitte. Diese Formation wird beibehalten.
Auf Ihr Zeichen setzen sich alle Schüler*innen händehaltend in die Hocke, mit Ausnahme der Kerzenkinder, die stehen bleiben.

Gehen Sie nun von Gruppe zu Gruppe und entzünden Sie imaginär mit einer Handbewegung das Licht. Das Licht brennt nun und die Laternenkinder stehen händehaltend aus der Hocke auf. Das Kerzenkind hebt als Zeichen des „Erleuchtens" die Arme einmal über den Kopf und senkt sie seitlich wieder ab. Die Kerzen brennen nun, sodass das Singspiel beginnen kann.

Singen Sie gemeinsam mit den Kindern die erste Strophe des Liedes. Währenddessen führen die Schüler*innen folgende Bewegungen aus: Die Kinder treten gehend auf der Stelle. Die Laternenkinder knicksen bei „rabimmel, rabammel" einmal kurz in die Hocke. Das Lichtkind macht bei „rabumm" einen ganz kleinen Hüpfer.

Während der zweiten Strophe nehmen die Laternenkinder singend die gefassten Hände sehr hoch, während alle Lichtkinder darunter hervortreten und, langsam gehend, zur nächsten freiwerdenden Laterne wechseln. Die Laternenkinder knicksen wieder bei „rabimmel, rabammel", einmal kurz in die Hocke, das Lichtkind macht bei „rabumm" einen ganz kleinen Hüpfer.

Bei der dritten Strophe werden die gleichen Bewegungen wie bei der ersten ausgeführt.

3. Abschluss

Tauschen Sie die Rollen, sodass andere Kinder die Kerzen spielen dürfen, und singen Sie das Lied noch einmal.

Erweiterung

Musik → Üben Sie mit einem Teil der Kinder ein Intro ein, z. B. mit Klangbausteinen.

Kunst → Die Kinder malen ihre Lieblingslaterne, indem sie eine Laterne sehr kräftig mit hellen Wachsmalern und breiten Strichen malen. Mit dunkelblauer Tusche und breiten Pinseln malen sie darüber. Die Tusche perlt auf den Wachsstreifen der Laterne ab und verstärkt durch den Hell-dunkel-Kontrast die Farben der Wachsmalbereiche.

Ich geh mit meiner Laterne

Text und Melodie: aus Norddeutschland

2. Ich geh mit meiner Laterne und meine Laterne mit mir.
Dort oben leuchten die Sterne und unten, da leuchten wir.
Laternenlicht, verlösch mir nicht!
Rabimmel, rabammel, rabumm.

3. Ich geh mit meiner Laterne und meine Laterne mit mir.
Dort oben leuchten die Sterne und unten, da leuchten wir.
Mein Licht ist aus, wir gehn nach Haus,
rambimmel, rabammel, rabumm.

Abb.: © Verlag an der Ruhr
© Verlag an der Ruhr | Autorin: Kerstin Tieste | ISBN 978-3-8346-4274-5 | www.verlagruhr.de

17. Die Tante aus Marokko

Darum geht's

Besuch aus Marokko bekommt man nicht alle Tage und alles wird perfekt vorbereitet. Der Wischmob hat das Haus soeben blank geputzt, da kommt die Absage des Besuchs. – Das Lied hat bereits vielfältige Verse erhalten und das Repertoire verändert sich beständig. So schreibt die Tante Briefe, Telegramme, aber in neueren Versionen auch E-Mails und Sprachnachrichten.

Kompetenzerwartungen

Die Schüler*innen …
- singen ein Spiellied
- bewegen sich mit Körperinstrumenten zu einem Rhythmus
- gestalten die lautmalerischen Wörter des Liedes mit Bewegungen

Material

- Lied „Die Tante aus Marokko" (S. 69)
- Kopiervorlage „Die Tante aus Marokko" (S. 70)

Das bereiten Sie vor

Machen Sie sich mit dem Lied und dem Ablauf des Singspiels vertraut. Kopieren Sie die Kopiervorlage für jedes Kind.

Stundenverlauf

1. Einstieg

Bilden Sie einen Stehkreis. Beginnen Sie mit einem Rhythmus, den die Schüler*innen nachahmen: Wippen Sie dazu locker in den Knien und klatschen Sie. Bauen Sie den Rhythmus weiter aus: Wippen und klatschen Sie 3-mal – 1, 2, 3. Strecken Sie bei 4 die Arme über den Kopf und rufen Sie: „Hip hoi!" Stampfen Sie dazu. Wiederholen Sie dies mehrfach.

Fragen Sie die Kinder:
- Wer hat eine Tante?
- Wer hat eine Tante in einem anderen Land?
- Wer hat eine Tante, die aus Marokko kommt?

2. Liederarbeitung

Singen Sie den Kindern die erste Strophe des Liedes vor. Wiederholen Sie gemeinsam die Strophe und fügen Sie anschließend die bereits geübten Bewegungen hinzu: 3-mal wippen und klatschen, bei „hip hoi" die Arme über den Kopf strecken und stampfen.

TIPP → Als Steigerung können Sie, statt 3-mal zu wippen und zu klatschen, drei Schritte klatschend nach vorn gehen und bei „hip hoi" die Arme über den Kopf strecken und stampfen. Wiederholen Sie dies anschließend mit drei Schritten zurück. Die restliche Strophe findet mit den üblichen Bewegungen am Platz statt.

Singen Sie den Schüler*innen die zweite Strophe vor. Überlegen Sie gemeinsam mit den Kindern, wie man „hoppel poppel" darstellen könnte, z. B. mit einem Pferdchensprung. Singen Sie gemeinsam mit den Schüler*innen alle beiden Strophen und führen Sie die entsprechenden Bewegungen aus. Achten Sie darauf, „hoppel poppel" jeweils direkt an „hip hoi" anzufügen. Stellen Sie nach diesem Prinzip auch die weiteren Strophen vor. Vorschläge für die Aktionen:
- **3. Strophe:** mit den Fingern in die Gegend schießen
- **4. Strophe:** einen Arm nach links und rechts schwingen
- **5. Strophe:** 2-mal pfeifen
- **6. Strophe:** Hände vor das Gesicht legen

Die Kinder überlegen sich eine weitere Strophe für den Fall, dass die Tante jetzt doch kommt …

3. Abschluss

Teilen Sie den Kindern die Kopiervorlage aus. Sie ergänzen die Tante nach ihren Vorstellungen.

Erweiterung

Sachunterricht → Sammeln Sie Informationen über Marokko.

Die Tante aus Marokko

Text und Melodie: volkstümlich

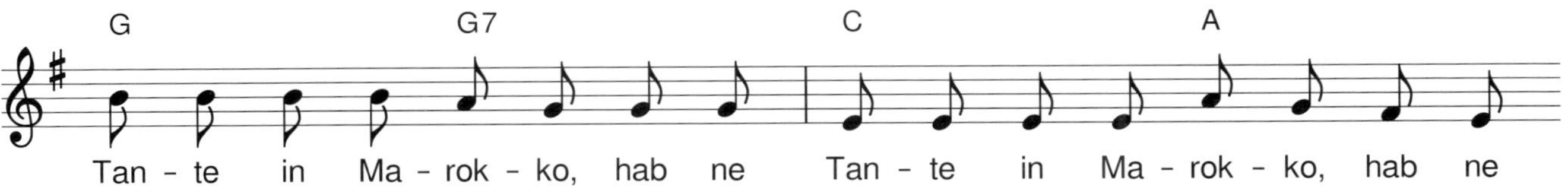

2. Und sie kommt auf zwei Kamelen, wenn sie kommt –
hip hoi … hoppel poppel!

3. Und sie schießt mit zwei Pistolen, wenn sie kommt –
hip hoi … hoppel poppel, piff paff!

4. Und dann läuten wir die Glocken, wenn sie kommt –
hip hoi … hoppel poppel, piff paff, ding dong!

5. Und dann singen wir ein Liedchen, wenn sie kommt –
hip hoi … hoppel poppel, piff paff, ding dong, la la!

6. Und dann kriegen wir nen Brief, dass sie nicht kommt –
hip hoi … hoppel poppel, piff paff, ding dong, la la, ooooooooooh!

Abb.: © Verlag an der Ruhr
© Verlag an der Ruhr | Autorin: Kerstin Tieste | ISBN 978-3-8346-4274-5 | www.verlagruhr.de

Die Tante aus Marokko

© Verlag an der Ruhr | Autorin: Kerstin Tieste | ISBN 978-3-8346-4274-5 | www.verlagruhr.de
Wüste: © Dorothee Wolters; Kamele: © Verlag an der Ruhr

Was müssen das für Bäume sein

Darum geht's

Wie sehen denn eigentlich die Bäume aus, an denen sich Elefanten nicht stoßen können? Das Rätsel klärt sich überraschend einfach von selbst am Ende der Unterrichtsstunde.

Kompetenzerwartungen

Die Schüler*innen ...

- singen ein traditionelles Lied
- lernen, trotz mehrfachem Instrumenten- und Aktionswechsel einen Rhythmus durchgängig zu halten

Material

- Lied „Was müssen das für Bäume sein?" (S. 72)
- 2 Handtrommeln
- 2 Rasseln
- 2 stabile Wassereimer mit Henkel
- evtl. Kopiervorlage „Was müssen das für Bäume sein" (S. 73)

Das bereiten Sie vor

Machen Sie sich mit dem Ablauf des Singspiels und dem Einsatz der Materialien vertraut. Kopieren Sie ggf. die Kopiervorlage für jedes Kind.

Stundenverlauf

1. Einstieg

Fragen Sie die Kinder, welche Eigenschaften sie mit Elefanten verbinden. Warum wäre es schwierig, einen Elefanten als Haustier oder im Garten zu halten? Leiten Sie dazu über, wie die Landschaft sein müsste, wenn Elefanten spazieren gehen wollten.

2. Liederarbeitung

Singen Sie den Kindern das Lied vor. Die Schüler*innen äußern sich frei dazu. Singen Sie nun das Lied gemeinsam. Wiederholen Sie es, sodass die Kinder es gut beherrschen. Die Schüler*innen stellen Vermutungen an, was das nun für Bäume sein müssten. Erklären Sie den Begriff „Allee". Hier können auch die größten Elefanten prima unter Bäumen spazieren gehen, ohne sich zu stoßen.

Die Kinder bilden eine Allee, indem sich immer zwei Kinder gegenüberstehen und möglichst viel Platz in der Mitte lassen. Die letzten sich gegenüberstehenden Kinder erhalten jeweils eine Handtrommel. Die vorletzten Schüler*innen erhalten Rasseln, die sie beim Rasseln in die offene Handfläche schlagen. Die ersten beiden sich gegenüberstehenden Schüler*innen erhalten jeweils einen Eimer.

Finden Sie mit den Kindern einen langsamen, gemeinsamen Rhythmus, den alle durchgängig einhalten. Die Kinder ohne Instrumente klatschen abwechselnd in die Hände und patschen auf die Oberschenkel. Die Instrumente übernehmen den Rhythmus. Die ersten beiden Schüler*innen mit den Eimern sind nun Elefanten und werden durch die Allee hindurchmarschieren. Sie starten mit etwas Abstand hintereinander, indem sie ihre Füße in die beiden Eimer stellen und die Eimer an den Henkeln festhalten. Im Rhythmus stampfen sie nun bis zum Ende der Allee.
Dort übergeben sie die Eimer an die letzten Kinder.
Die jeweils zwei neuen Elefantenkinder beginnen ihren eigenen Durchmarsch wieder vorn an der Allee. Die Instrumente werden bei jedem Durchgang an das nächststehende Kind weitergegeben.

Wenn der Ablauf klar ist, können Sie das Lied hinzunehmen. Dabei singen jeweils die Kinder in der Allee, während die Elefanten im Rhythmus hindurchstampfen.

3. Abschluss

Singen Sie noch einmal das Lied gemeinsam, während sich die Allee auflöst und sowohl die Bäume als auch die Elefanten auf ihren Platz zurückkehren.

Erweiterung

Kunst → Die Kinder malen die Elefanten auf der Kopiervorlage aus und zeichnen passende Bäume dazu.

Was müssen das für Bäume sein

Text und Melodie: volkstümlich

© Verlag an der Ruhr | Autorin: Kerstin Tieste | ISBN 978-3-8346-4274-5 | www.verlagruhr.de
Abb.: © Drothee Wolters

Was müssen das für Bäume sein

Abb.: © Pewara Nicropithak – Shutterstock.com
© Verlag an der Ruhr | Autorin: Kerstin Tieste | ISBN 978-3-8346-4274-5 | www.verlagruhr.de

19. Jetzt fahrn wir übern See

Darum geht's

Das Lied, das die Überquerung eines Sees in einem kuriosen Holzboot schildert, ist eine Polka. Die böhmische Polka-Melodie wird im ersten Teil langsam, im zweiten Teil schnell gesungen. Es ist ein Pfänderspiellied, denn der Abschlusston (Fermate) muss bewusst wahrgenommen werden und darf erst nach der Wiederholung gesungen werden, sonst muss ein Pfand abgeben werden. Die gesammelten Pfänder werden abschließend spielerisch wieder ausgelöst.

Kompetenzerwartungen

Die Schüler*innen …

- singen ein Pfänderlied
- erfahren den Einsatz der Fermate bewusst als Wort- und Melodiepause
- schärfen konzentriert ihre akustische Aufmerksamkeit

Material

- Lied „Jetzt fahrn wir übern See" (S. 76)
- Zimbel oder Triangel
- ggf. Kopiervorlage „Jetzt fahrn wir übern See" (S. 77)

Das bereiten Sie vor

Machen Sie sich mit dem Lied vertraut.
Kopieren Sie ggf. die Kopiervorlage für jedes Kind.

Stundenverlauf

1. Einstieg

Erklären Sie den Schüler*innen das Ziel eines Pfänderspiels: Ein Pfänderspiel ist ein Spiel, bei dem man sehr aufmerksam sein muss. Wem ein Fehler passiert, der muss etwas Persönliches (z. B. seinen Lieblingsstift oder -radiergummi) abgeben. Man erhält das Pfand zum Schluss wieder, wenn man eine kleine Aufgabe erfüllt. Spielen Sie mit den Kindern „Kommando Pimperle": Jeweils ein Kind leitet das Spiel und ruft Kommandos, die die anderen Kinder ausführen. Allerdings nur, wenn das Wort „Kommando" dazu ausgesprochen wird. Beispiel: Bei „Kommando Faust" legen die Schüler*innen die Fäuste auf den Tisch. Sagt die Spielleitung nur „Faust", dürfen sie nicht reagieren. Wer die Befehle falsch befolgt, gibt ein Pfand ab.

Folgende Kommandos gibt es:

- **„Kommando Pimperle":** mit den Zeigefingern auf die Tischkante klopfen
- **„Kommando flach":** Hände flach auf den Tisch legen
- **„Kommando Faust":** geballte Fäuste auf den Tisch legen
- **„Kommando hoch":** Hände hochkant auf den Tisch stellen

Erklären Sie den Schüler*innen, dass es nicht nur Pfänderspiele, sondern auch Pfänderlieder gibt. Solch ein Lied lernen die Kinder nun kennen.

Abb.: © Norbert Höveler

Jetzt fahrn wir übern See

2. Liederarbeitung

Singen Sie den Schüler*innen die erste Strophe vor. Machen Sie dabei eine deutliche Pause bei der Fermate. Beachten Sie auch, dass der zweite Teil des Liedes deutlich schneller gesungen wird als der erste.
Die Kinder äußern sich frei zum Lied.
Fragen Sie weiter, wie sich das Pfandspiel in diesem Lied verbirgt.
Singen Sie die Strophe ein zweites Mal gemeinsam mit den Schüler*innen und kennzeichnen Sie die Pause jeweils mit dem Anschlag einer Zimbel oder Triangel.
Singen Sie den Kindern auch die weiteren Strophen vor. Die Schüler*innen wiederholen und beachten dabei die Pausen im Lied. Setzen Sie wieder Zimbel oder Triangel ein.

TIPP → Sie können das Spielen der Zimbel oder Triangel auch einem kompetenten Kind übertragen.

Singen Sie das Lied mit den Kindern als Pfänderlied, nun ohne den Einsatz eines Instrumentes.

3. Abschluss

Die gesammelten Pfänder werden eingelöst.
Die Schüler*innen können sich selbst Aufgaben überlegen oder sie nutzen diese Vorschläge:

- 3-mal hintereinander ganz schnell einen Zungenbrecher aufsagen
- mit offenem Mund ein Lied singen, ohne ihn dabei zu schließen
- mit einer Hand kreisen und gleichzeitig die andere Hand auf und nieder bewegen
- eine hässliche Grimasse ziehen
- sich auf den Boden setzen und ohne Hilfe der Hände wieder aufstehen
- wie ein Frosch hüpfen und laut quaken
- wie ein Krebs rückwärts auf Händen und Füßen krabbeln
- mit der Zungenspitze versuchen, die Nase zu berühren
- einen Lachanfall bekommen
- ein Gedicht auswendig aufsagen
- einem Kind aus der Klasse ein Kompliment machen

Erweiterung

Musik → Die Kinder können das Lied mit Gesten oder Instrumenten begleiten und die Fermate durch eine besondere Aktion betonen.

Kunst → Die Schüler können ein verrückt gebautes Holzboot auf einem See malen oder ein Boot, das eigentlich etwas anderes ist, z. B. ein übergroßer Staubsauger. Teilen Sie ggf. die Kopiervorlage aus.
Die Kinder malen ihr Gefährt auf den See.

Jetzt fahrn wir übern See

Text und Melodie: aus Nordböhmen

2. Und als wir drüber warn,
da sangen alle Vöglein,
der helle Tag brach an!

3. Der Jäger blies ins Horn,
da bliesen alle Jäger,
ein jeder in sein Horn.

4. Das Liedlein, das ist aus,
und wer das Lied nicht singen kann,
der fang von vorne an!

© Verlag an der Ruhr | Autorin: Kerstin Tieste | ISBN 978-3-8346-4274-5 | www.verlagruhr.de
Abb.: © Norbert Höveler

Jetzt fahrn wir übern See

Abb.: © Norbert Höveler
© Verlag an der Ruhr | Autorin: Kerstin Tieste | ISBN 978-3-8346-4274-5 | www.verlagruhr.de

20. Boogie Woogie

Darum geht's

Das Boogie-Woogie-Lied ist ein Bewegungslied nicht nur für Beine, Bauch und Po, sondern auch für Nasen- und Zungenakrobat*innen.

Kompetenzerwartungen

Die Schüler*innen ...

- erlernen ein Lied mit Bewegungen
- erleben bewusst die Beweglichkeit ihres Körpers

Material

- Lied „Boogie Woogie" (S. 79)

Das bereiten Sie vor

Machen Sie sich mit dem Lied und den dazugehörigen Bewegungen vertraut.

Stundenverlauf

1. Einstieg

Bilden Sie einen Stehkreis. Die Kinder sollten mit etwas Abstand zueinander stehen. Führen Sie mit den Schüler*innen eine Bewegungseinheit zum Aufwärmen durch. Lassen Sie die Kinder zeigen, welche Körperteile gut beweglich sind. Erarbeiten Sie nun rhythmisch von oben nach unten mit den Kindern alle Körperteile, indem Sie jeden Körperteil bewegen. Klatschen Sie jeweils nach der Bewegung und rufen Sie: „Boogie Woogie!"

- Kopf nicken – „Boogie Woogie!"
- Schultern kreisen ...
- rechten Daumen am rechten Ohr, linken Daumen am linken Ohr vorbeiführen ...
- Finger nach vorn spreizen ...
- Becken nach links wippen, nach rechts wippen ...
- vornüber bücken, wippen, aufrichten ...
- beidbeinig knicksen ...
- hüpfen ...

Erzählen Sie den Kindern, dass sie nun ein Lied kennenlernen werden, bei dem es um all diese Körperteile geht.

2. Liederarbeitung

Singen Sie die erste Strophe des Liedes vor und zeigen Sie die Bewegungen. Die Schüler*innen beginnen, mitzusingen, und ahmen die Bewegungen nach:

- „Erst kommt das rechte Bein herein":
  → *rechtes Bein in den Kreis bewegen*
- „dann kommt das rechte Bein heraus":
  → *rechtes Bein wieder zurückbewegen*
- „Dann kommt das rechte Bein herein":
  → *rechtes Bein wieder hineinbewegen*
- „und dann schütteln wir es aus":
  → *Bein ausschütteln*
- „Dann kommt der Boogie Woogie Woogie":
  → *4-mal klatschen*
- „und dann drehen wir uns um":
  → *sich am Platz umdrehen*
- „und alle machen mit":
  → *5-mal klatschen*
- „Boogie Woogie ...":
  → *Hände in die Hüften und Becken, rhythmisch kreisend, bewegen*
- „und alle machen mit":
  → *5-mal klatschen*

Wiederholen Sie die erste Strophe einige Male, sodass die Kinder sie gut beherrschen. Fahren Sie nach dem gleichen Prinzip mit den weiteren Strophen fort.

3. Abschluss

Fragen Sie die Kinder, welche Körperteile sich noch bewegen lassen: z. B. Fuß, Kopf, Po, Nase, Zunge. Singen Sie gemeinsam die neu erfundenen Strophen samt Bewegungen.

Erweiterung

Musik → Erlernen Sie den Boogie-Woogie-Grundschritt mit den Kindern. Tanzen Sie zu Boogie-Woogie-Musik.

Kunst → Die Schüler*innen lassen auf einem Malblatt einen Wachsmalstift nach Boogie-Musik tanzen.

Boogie Woogie

Text und Melodie: volkstümlich

D7

1. Erst kommt das rech - te Bein he - rein, dann kommt das

G D7

rech - te Bein he - raus. Dann kommt das rech - te Bein he - rein, und dann

G D7

schüt - teln wir es aus. Dann kommt der Boo - gie Woo - gie Woo - gie und dann

G D7 G

dre hen wir uns um und al - le ma-chen mit. Boo - gie Woo gie, Boo - gie

D7 G G7 C G D7 1.G 2.G

Woo gie, Boo - gie Woo gie und al - le ma - chen mit. mit.

2. Erst kommt das linke Bein herein …

3. Erst kommt der rechte Arm herein …

4. Erst kommt der linke Arm herein …

5. Erst kommt der ganze Körper rein …

Abb.: © Eva Spanjardt
© Verlag an der Ruhr | Autorin: Kerstin Tieste | ISBN 978-3-8346-4274-5 | www.verlagruhr.de

Quellen

Freitag, Thomas:
100 Jahre Schreckensgeschichte des deutschen Kinderliedes.
Berliner LeseZeichen, Ausgabe 01/00.
Edition Luisenstadt, 2000.
www.luise-berlin.de/lesezei/Blz00_01/text01.htm

Freitag, Thomas:
Das Kinderlied. Ein alphabetisches Lesebuch.
Lugert-Verlag, 2000
ISBN 978-3-8976-0138-3

Freitag, Thomas:
Kinderlied – Von der Vielfalt einer musikalischen Liedgattung.
Peter Lang Verlag, 2001.
ISBN 978-3-6313-7469-6

Gerstner-Hirzel, Emily:
Das Kinderlied.
In: Handbuch des Volksliedes. 2 Bde.
Hg. von R. W. Brednich, L. Röhrich, W. Suppan.
Wilhelm Fink, 1973 f.

Klein, Richard Rudolf:
Willkommen, lieber Tag, Bd. 1 + 2.
Diesterweg, 1974.
ISBN 978-3-4250-3715-8

Klusen, Ernst:
Volkslied, Fund und Erfindung.
Gerig, 1969.

Mohr, Andreas:
Handbuch der Kinderstimmbildung.
Schott Music, 1997.
ISBN 978-3-7957-8704-2

Mohr, Andreas:
Die Kinderstimme – Funktion und Pflege.
www.kinderstimmbildung.de
(Stand 09.03 2020)

Radler, Rudolf:
„Des Knaben Wunderhorn".
In: Hauptwerke der deutschen Literatur.
Einzeldarstellungen und Interpretationen.
Band I: Von den Anfängen bis zur Romantik.
Kindler, 1994.
ISBN 978-3-4634-0261-1

Strobl, Monika:
30 Stimmbildungsgeschichten zum Nach- und Mitmachen.
Verlag an der Ruhr, 2014.
ISBN 978-3-8346-2505-2

Tieste, Kerstin:
Affe Bodo klatscht im Takt.
Finken Verlag, 2018.

Utrio, Kaari:
Evas Töchter.
Die weibliche Seite der Geschichte.
Rasch und Röhring Verlag, 1992.
ISBN 978-3-8913-6136-8